ROMA EXPRESS

C II

von Gerhard Hertel,
Hans Ramersdorfer und
Günter Wojaczek

C.C. BUCHNER · LINDAUER · OLDENBOURG

ROMA

Ausgabe C in drei Bänden
Unterrichtswerk für Latein
herausgegeben von Josef Lindauer und Klaus Westphalen

ROMA EXPRESS C II wurde verfasst von
Dr. Dr. Gerhard Hertel, Bamberg, Dr. Hans Ramersdorfer, Regensburg
und Dr. Günter Wojaczek, Bamberg

1. Auflage 1 9 8 7 2008 06 04
Die letzte Zahl bedeutet das Jahr dieses Druckes.

Dieses Werk folgt der reformierten Rechtschreibung und Zeichensetzung. Ausnahmen bilden Texte, bei denen künstlerische, philologische oder lizenzrechtliche Gründe einer Änderung entgegenstehen.

www.ccbuchner.de
www.oldenbourg-bsv.de

Satz: Fotosatz Engelhardt oHG, Hallstadt
Gesamtherstellung: Druckerei Bussard, Gundelsheim, www.bussard.de

C. C. Buchners Verlag ISBN 3 7661 **5617** 9
J. Lindauer Verlag ISBN 3 87488 **617** 4
Oldenbourg Schulbuchverlag ISBN 3 486 **88497** 2

Liebe Schülerinnen und Schüler,

ROMA-EXPRESS C II, das Ihr nun in Händen habt, bringt wie ROMA-EXPRESS C I zu den einzelnen Lektionen des Lehrbuches viel zusätzliches Material, das der Festigung und Vertiefung Euerer Lateinkenntnisse dienen soll.
Wichtigstes Ziel des Lateinunterrichts ist die Fähigkeit des Übersetzens. Für das Übersetzen vom Deutschen ins Lateinische findet Ihr bis Lektion 72 eigene Übungen im Aufgabenheft. Später könnt Ihr dazu die deutschen Texte der Lösungen verwenden. Euer Ergebnis könnt Ihr dann anhand des Aufgabenheftes überprüfen.
Lateinische zusammenhängende Stücke findet Ihr bis Lektion 72 (wie aus ROMA-EXPRESS C I gewohnt) mit numerierten Sätzen jeweils unter B. Ab Lektion 73 bringen wir solche Texte immer nach einem größeren Stoffabschnitt, z.B. zum Partizip, zum Akkusativ, zum Dativ, zu den Pronomina und zum Genitiv. Sie sind in mehrere Abschnitte unterteilt. Ein oder zwei solcher Abschnitte entsprechen ungefähr der Länge einer Schulaufgabe / Klassenarbeit. Wir empfehlen Euch, vor solchen Prüfungen Euere Kenntnisse durch das Übersetzen gerade der zusammenhängenden Stücke zu kontrollieren.

Nun noch einige Angaben zur Verwendung des Buches:
- ° nach einem Wort bedeutet: Das Wort ist im Deutschen ergänzt, es steht nicht im lateinischen Text.
- Gleichwertige Übersetzungen bzw. Wortbedeutungen werden durch einen Schrägstrich .../... voneinander getrennt oder stehen in Klammern (...).
- Findet sich in der Klammer zusätzlich ein Sternchen (*...), so handelt es sich um eine wörtliche Übersetzung oder eine gelernte Wortbedeutung; beides entspricht nicht dem deutschen Sprachgebrauch, soll aber zum Verständnis der lateinischen Konstruktion und zur treffenden Bedeutung des Ausdruckes verhelfen.
- In eckigen Klammern [...] werden grammatische Erklärungen gegeben.
- Punkte unter einem lateinischen Text weisen auf einen Vers hin; beim Lesen sind die so gekennzeichneten Silben zu betonen.
- Auf ein Eigennamenverzeichnis wurde verzichtet. Sollte ein Name einmal nicht bekannt sein, findet er sich sicher im Verzeichnis des Lehrbuches. Wenn Ihr ihn da nicht findet, so fragt bitte Eueren Lehrer, der Euch bestimmt gerne Auskunft geben wird.

Viel Freude bei Euerer Arbeit und viele Erfolgserlebnisse wünschen Euch

die Verfasser

51 Das Verb *ire*

A 1. Beachte die beiden Stämme: Quo **i**s? Domum **e**o.
2. Unterscheide im Perfektstamm: **ii** **is**ti.
3. Unterscheide genau und übersetze: eo (2), ego, eamus, eunt, egent; reditis, ridetis, redistis, retinebis; is, ire, irae, iam, ita, ite, item, inter, iterum, ibo, ibi, ii, istis, estis.

B Ein Zwiegespräch zwischen Geschwistern
1. TITUS: I, Aule! Pater te vocat, ut in horto labores. Cur domum ire cessas? Non-ne poenam times? I domum!
2. AULUS: Et tu? Quo is? Quo it Claudia?
3. TITUS: Contine te, frater optime! Narrabo tibi, quo eamus: Imus in Campum Martium, ubi ludi equestres celebrantur. Multi eo eunt.
4. AULUS: Vos itis, ut ludos spectetis, ego domum ire debeo, ut laborem. Ista[1], ut est mea opinio, iniuria est. Neque enim ius est, ut ego labores sustineam, alii autem voluptati se dent.
5. CLAUDIA: Et optimo iure ibis. Nam heri tu in Campum isti, nos autem ad laborem in hortum iimus. Hodie quoque eo iremus, si pater nos vocavisset. Est enim liberorum patris imperio libenter parere.
6. AULUS: Magna est patris potestas. Ibo igitur in hortum, etiam si patris verba mihi non placent. Vos autem beatos voco, quia vobis licet in Campum Martium ire.
7. CLAUDIA (abiens, ad Titum): Eamus, Tite! Non licet homines ad laborem euntes prohibere.
8. TITUS: I ad laborem, Aule! Cum redierimus, tibi narrabimus, quid spectaverimus. Vale!

C 1. Wohin geht ihr? – Wir wollen (mit *Part. Fut.*) schwimmen (*natare*). Geht mit uns! Auch unsere Freunde gehen zum See. – Auch wir werden dorthin gehen, aber vorher werden wir unseren Onkel aufsuchen. – Bittet ihn, mit euch zu gehen (daß er .... gehe). 2. Langsam (*tardus, -a, -um*) kommen (nähern sich) die Ferien, schnell sind sie vorbei (gehen sie weg). 3. Die vornehmen Römer verließen im Sommer die Stadt (... gingen aus der Stadt weg). 4. Im Herbst ziehen (gehen) die Vögel in wärmere (*calidus, -a, -um*) Gegenden (weg).

D Wortkundliches. Zur Wortfamilie *ire* gehören *praetor, seditio, reditus*. Gib jeweils die Grundbedeutung an! Das Präfix *se-* bezeichnet die Trennung.

---

1) ista *hier: das.*

52 e-Konjugation: Perfektstämme auf -s
Rektion des Verbs (I)

A 1. Setze ins Perfekt: flent, carent, urgent, augent, iubent.
2. Unterscheide: iussu, iussi (2); rideant, redeant, ride, redi, risi (2); mana, mane (2), manu, mano, mando, maneo, moneo; luxi, luce (2); ursi, urbi; arce (2), arde, arte, auge.

B Eine schwierige Stadtgründung (Kadmus)
Auf der Suche nach seiner Schwester Europa kam Kadmus nach Griechenland. Apollo weissagte ihm, daß eine Kuh ihn dorthin führen werde, wo er die Stadt Theben erbauen solle.
1. Cadmus, cum animo laeto ex aede Apollinis exisset, vaccam[1] per vallem euntem vidit. 2. Magna voce ex-clamavit: „Haec vacca[1] nobis desperantibus sedes novas monstratura[2] est." 3. Post iter longum bestia quieti se dedit. 4. Statim Cadmus paucos ministros ex fontibus aquam apportare iussit. 5. Cum ei silvam obscuram intrarent, draco[3] ingens caput levavit oculosque lucentes ad viros torsit; eos ingens timor tenuit. Statim monstrum hos morsu[4], illos veneno necavit. 6. Cadmus, quia ignorabat, quae[5] mora esset comitibus, appropinquavit. Cum silvam intraret et necata corpora sociorum videret, furore ardens telum acre in monstrum iactavit; ferrum in ossibus haesit. 7. Cadmo autem, cum draconem[3] necavisset, Minerva suasit, ut dentes draconis terrae mandaret. Is statim paruit. 8. Primo ex agro capita, tum pectora, postremo tota corpora virorum ingentium apparuerunt[6]. 9. Iam Cadmus et comites eius ad pugnam parati erant; subito unus de viris ingentibus ex-clamavit: „Vobis praestat pugna abstinere!" His verbis Cadmo persuasit, ne proelio interesset. 10. Et statim viri ingentes, quamquam fratres erant, inter se pugnaverunt; alius alium gladio vel telo necavit. Postremo pauci superabant[7]. Iussu Minervae arma deposuerunt[8] et in amicitia certa manserunt. 11. Eos Cadmus socios habebat, dum urbem ab Apolline iussam aedificabat.

C 1. Obwohl Feinde die Römer bedrängten, überredeten (*Perf.*) die Anführer das Volk (*plebs*), aus der Stadt wegzugehen (*ut* mit *Konj. Impf.*). 2. Menenius wurde (*Perf.*) beauftragt, das zornentbrannte (durch Zorn brennende) Volk zu besänftigen (versöhnen). 3. Obwohl die Plebejer die Pläne der Patrizier zuerst verlacht hatten, schenkten (gaben, *Perf.*) sie den Worten des Menenius Gehör (Ohren). 4. Seine (= dessen) Rede war so beeindruckend (gewichtig), daß die Plebejer nicht mehr im Zorn verharrten, sondern in die Stadt zurückkehrten.

---

1) vacca *die Kuh* 2) monstrare *zeigen* 3) draco, -onis *der Drachen* 4) morsus, -us *der Biß* 5) quae *hier: welche* 6) apparere *erscheinen* 7) superare *übrig bleiben* 8) deposuerunt *sie haben abgelegt*

53 e-Konjugation: Perfektstämme mit Reduplikation und Dehnung Rektion des Verbs (II)

A 1. Jetzt kennst du sämtliche Perfektbildungen der e-Konjugation. Setze ins Perfekt und vergleiche: delet – eget – ardet – favet – pendet.
2. Setze den richtigen Kasus ein: a) Themistocles, quia (salus publica) providebat, (Athenienses spe carentes) Apollinem consulere *(befragen)* iussit. b) Cum (res futurae) provideret, (cives) imperavit, ut ex urbe exirent. c) (Omnes) persuasit, ut verbis suis parerent. d) Postea cives etiam (is) invidebant et eum, quamquam (omnis iniuria) abstinuerat, multaverunt. e) Rex Persarum (Themistocles) favit.

B Prometheus testet Jupiters Weisheit
1. Prometheus cum homines ex aqua et terra formavisset, studebat, ne rebus ad victum necessariis carerent. 2. Tamquam[1] pater saluti eorum providebat et eos artes varias docebat. 3. Quamquam dei, imprimis Minerva, ei favebant, pater generis humani regno[2] Iovis, patris deorum, invidebat. Superbia permotus Iovis sapientiam probare paravit. 4. Cum taurum necavisset et dis-secuisset, duos acervos[3] fecit pelleque[4] operuit[5]: minorem acervum[3] carnem[6] continentem, maiorem ossa. 5. Tum Iovem ita appellavit: „Tua est optio[7], Optime Maxime.“ 6. Is, quamquam viderat, quid Prometheus in animo haberet, maiorem partem sibi optavit et ira commotus: „Non cavisti“, inquit, „ne patrem deorum fraudares[8]. Praestitit[9] autem potentiam meam timere; ego enim homines tuos delere possum.“ 7. Prometheus nihil respondit ridensque abiit. 8. Ac profecto Iuppiter, ut Prometheum multaret, imperavit, ut hominibus ignis negaretur. 9. Prometheus autem neque minis neque poena Iovis commotus suos admonuit: 10. „Quid nam in timore estis? Iovis verbis non moveor. Praestat enim in libertate esse quam Iovi parere.“

C 1. Als ein (gewisser) Weiser gefragt worden war, was am (im) Menschen sowohl das Beste als auch das Schlechteste sei (*Konj. Impf.*), antwortete er: „Die Zunge.“ 2. Augustus war den Dichtern stets gewogen. Gerne hörte er ihnen aufmerksam zu (aufmerksam zuhören = an (*ex*) deren Mund hängen). 3. Erschüttert (bewegt) durch die Niederlage des Varus, verbot (*Perf.*) er den Römern (*Akk.*), die Grenzen des Reiches auszudehnen (*prolatare*). 4. Daher hüteteten sich die Anführer der Legionen, auswärtige (*exterus*) Völker zu unterwerfen (*ne* mit *Konj. Impf.*).

---

1) tamquam *wie* 2) regnum *die Herrschaft* 3) acervus *der Haufen* 4) pellis, -is *das Fell, die Haut* 5) operuit *er bedeckte* 6) caro, carnis *das Fleisch* 7) optio, -onis *die Wahl* 8) fraudare *betrügen* 9) Übersetze mit Konj. Plqupf.!

54 Zahlen (Wiederholung und Ergänzung)

A Wichtig für das Übersetzen der Zahlen aus dem Lateinischen ist es, daß du die Zehner nicht mit den Hundertern verwechselst. Unterscheide also: quadra**ginta** vier**zig**, quadrin**genti** vier**hundert**.
Übersetze: triginta duae horae; ducenti viginti tres dies; septuaginta septem anni; sescenti sexaginta sex pueri; cum undetriginta puellis; cum octingentis octoginta militibus.

B Jason kommt zu Pelias
Pelias hatte seinen Halbbruder Aeson von der Herrschaft verdrängt. Jason, Aesons Sohn, will als rechtmäßiger Nachfolger die Herrschaft über Thessalien (Landschaft in Nordgriechenland).
1. Cum Pelias, rex Thessaliae, quinquaginta fere annos natus oraculum[1] adiret, ei responsum est: „Cave virum uno pede calciatum[2]!“ 2. Per duodecim annos hoc periculum ei impenderat; itaque dies noctesque cogitaverat, quomodo calamitatem a se arceret. – 3. Anno tertio decimo post oraculum[1] Iason in Thessaliam properavit, ut regnum[3] patris sibi pararet. 4. Subito, cum flumen transiturus esset, mulier in fluminis ripa sedens properantem ita appellavit: „Non duo vel tres iuvenes oravi, ut me trans-portarent, sed viginti vel triginta; neminem precibus meis commovi. Tu autem adiuva me!“ 5. His verbis permotus Iason precibus mulieris paruit. 6. Cum autem flumen transiret, alterum calciamentum[4] in arena haesit. Monocrepis[5] Iason a-volavit. – 7. Pelias, cum sacrificaret, Iasonem uno pede calciatum[2] appropinquare vidit. 8. Iasoni regnum[3] postulanti respondit: „Si pellem[6] arietis auream regi Colchorum[7] ex-torseris, regnum possidebis.“ 9. Statim Iason viros fortes convocavit: Ducenti vel trecenti Iasoni parebant. Brevi quinquaginta remi[8] aequor pulsabant.

D 1. Eine Rechenaufgabe
Pythagoras philosophus amicis rogantibus: „Quantus est numerus discipulorum[9] tuorum?“ respondit: „Dimidia[10] pars mathematicis[11] operam dat, quarta pars de rerum natura disputat, sexta autem tacere studet. Ac sex puellae scholis meis intersunt.”
2. Was bedeutet der alte Rechtsgrundsatz: NE BIS IN IDEM!

---

1) oraculum *das Orakel(spruch)* 2) calciatus, a, um *mit einem Schuh bekleidet, beschuht* 3) regnum *die Königsherrschaft* 4) calciamentum *der Schuh* 5) monocrepis *nur mit einem Schuh* 6) pellis arietis *das Widderfell* 7) Colchi, -orum *die Kolcher (Volk am Schwarzen Meer)* 8) remus *das Ruder* 9) discipulus *Schüler* 10) dimidius, a, um *halb* 11) mathematica, -orum *Mathematik*

55 i-Konjugation: Formen des Präsensstammes

A 1. Endlich eine neue Konjugation: die i-Konjugation. Verglichen mit der e-Konjugation, bringt sie nur **zwei** Neuheiten, die du dir merken mußt:

a) Bindevokale: audi-**u**-nt, audi-**u**-ntur
audi-**e**-bam..., audi-**e**-ba-r ...
audi-**e**-ns

b) Futur mit Zeichen **a** bzw. **e**:
audi-**a**-m, audi-**e**-s ..., audi-**a**-r, audi-**e**-ris...

2. Vergleichen wir *laudare, delere, audire* (nur im Aktiv)!
Fülle zu diesem Zweck die folgende Tabelle aus:

	Ind.	Konj.	Part.
Präs.	lauda-t	....	....
	dele-t	....	....
	audi-t	....	....
Impf.	....	....	
	....	....	
	....	....	
Fut.	....		
	....		
	....		

B Iason vor dem Kolcherkönig

Nach vielen Abenteuern landeten Iason und seine Gefährten, die Argonauten, im Land der Kolcher.

1. Post multa pericula Argonautae[1] in Colchos veniunt. 2. Aeetae, regi Colchorum, per oraculum[2] responsum erat: „Tam diu regnum[3] possidebis, quam diu pellis[4] aurea in templo Martis erit." 3. Rex, ut sibi regnum[3] servaret, imperaverat, ut draco[5] atrox pellem[4] custodiret[6]. 4. Iason, autem, quia nesciebat, quid regi ab oraculo[2] responsum esset, pellem postulavit. 5. Hospitis verbis perterritus Aeetes primo nesciebat, quid responderet. 6. Tandem dolum adhibens: „Dabo tibi", inquit, „pellem[4], si mihi hoc exemplum virtutis tuae praebueris: Martis tauros saevientes domabis, dentes draconis semina agro mandabis virosque ingentes e dentibus natos proelio necabis." 7. Iuno autem, cum sciret, in

---

1) Argonautae *die Argonauten* 2) oraculum *das Orakel* 3) regnum *die Herrschaft* 4) pellis, -is *das Fell* 5) draco, -onis *der Drache* 6) custodire *abzuleiten von* custos

quanto Iason esset periculo, Venerem oravit, ut Medeam, regis filiam, amore[1] inflammaret. 8. Et statim virgo: „Nescio, quid sentiam. Cur timeo, ne pereat is, quem[2] modo vidi? Cur opto, ut mandata patris bene finiat? Nemini aperire possum, quid sentiam." 9. Virgo, cum curis vexata in nemus[3] sacrum veniret, Iasonem vidit et: „Scio" inquit, „cur tristis sis. Es animo bono! Ego tibi serviam; meis artibus munieris." 10. Protinus iuveni herbas[4] cantatas dat eumque de usu erudit.

C 1. Wenn der Onkel erzählt, schweigen die Kinder und hören zu °. 2. Er erzählt so wunderbare Geschichten, daß alle gern schweigen und zuhören (hören). 3. Keines Menschen Weisheit ist so groß, daß er alles weiß. 4. Die Ursachen vieler Dinge kennen wir nicht. 5. Wenn wir die Zukunft wüßten, wären wir nicht glücklich. 6. Niemand kann zwei Herren dienen. 7. Alle Bürger wünschen, daß der Aufstand möglichst schnell beendet wird (*ut* mit *Konj. Präs.*). 8. Wenn die Römer trauerten (*lugere*), bedeckten sie ihr Haupt mit der Toga. 9. Im Krieg öffneten die Römer den Tempel des Janus.

D 1. Im Text B war gerade von *herbae cantatae* die Rede. Wie kommt es, daß *cantare* „singen" und „verzaubern" bedeutet? Was bedeutet eigentlich das von *carmen* abgeleitete französische Wort ‚Charme'?
2. Ein altes Sprichwort sagt: Repetitio[5] est mater studiorum.
Wiederholen wir also die Fragesätze!
a) Unterscheide die beiden Arten von selbständigen Fragesätzen:
Satzfrage: Estne bellum?
Wortfrage: Ubi naves pugnabunt?
Verwandle die folgenden Satzfragen mit Hilfe des angegebenen Fragewortes in Wortfragen:
Spectavistisne ludos? (Quando?)
Erantne cives parati miseros adiuvare? (Quot?)
Ibantne Romani libenter in Campum Martium? (Cur?)
Studuitne Augustus populum delectare? (Quomodo?)
b) Auch abhängige Fragesätze sind dir bekannt. Mache die in a) gewonnenen Wortfragen von *ignoro* abhängig. Im Nebensatz steht diesmal Konjunktiv Perfekt. Übersetze diese Sätze.

---

1) amor, -oris *die Liebe* 2) quem *hier: welchen, den* 3) nemus, -oris *der Hain* 4) herbae cantatae *verzauberte Kräuter* 5) repetitio, -onis *die Wiederholung*

56 i-Konjugation: Bildung der Perfektstämme

A 1. Setze die Formen des Präsensstammes in die entsprechenden des Perfektstammes: aperies, sentiret, inveniretis, vincire, veniunt, reperiebam, sanciamus, hauris, desiliet, operiat, perveniebamus, sciunt.
2. Unterscheide: apparere, aperire, operire, comperire, comparare. Bilde jeweils den Infinitiv Perfekt und übersetze die Form.

B Iasons Bewährung

1. Mane magna multitudo hominum in agrum Martis convenit , ut virtutem Iasonis videret. 2. Ecce tauri saevientes et ignem efflantes[1]! Tamen Iason neque metu neque terrore circumventus campum aravit[2]. 3. Quamquam herbae[3] et arbores ardebant, Iason Medeae artibus munitus ignes non sensit. 4. Omnes consenserunt: „Deorum auxilio munitur." Dum comites clamoribus animum eius augent, Iason dentes draconis[4] terrae mandavit. 5. Statim terra corpora armis ornata mire genuit[5]. 6. Medea autem, ubi clamorem virorum ingentium audivit, novam artem invenit: Eius iussu Iason lapidem inter eos iactavit, illi autem inter se saevientes alius alium necaverunt. 7. Nunc nihil aliud restitit, nisi ut veneno sopiretur[6] draco[4]. 8. Cum is venenum hausisset et sopitus[6] esset, Iason pellem[7] raptavit cumque Medea in patriam rediit. 9. Ita Iason Medeae artibus salutem repperit. Sero res aperta est, sero rex Aeetes comperit, quali dolo circumventus esset. 10. „Ignominia", inquit, „opertus sum, quia nunc filia privatus[8] sum, mox etiam imperio".

C 1. Über die Heimat Homers waren (*Perf.*) sich schon die Alten uneins. 2. Die Spartaner (*Spartiatae*) haben ihre Stadt lange Zeit nicht mit Mauern umgeben (eingezäunt); denn, wie sie glaubten, war die Stadt durch die Tapferkeit der Bürger genügend geschützt (befestigt). 3. Lykurg hatte durch Gesetz festgelegt (festgesetzt), daß keine Bürger aus der Heimat auswandern durften (daß Bürger... nicht auswanderten, *Konj. Impf.*). 4. Der Philosoph Sokrates trank (sog ein) das Gift mit Gelassenheit (mit gleichem Mut). 5. Viele Griechen kamen von allen Seiten zusammen, um an den Spielen teilzunehmen (damit sie ... teilnahmen). 6. Die Verschwörung (*coniuratio*) des Catilina wurde von Cicero aufgedeckt.

---

1) efflare *schnauben* 2) arare *pflügen* 3) herba *das Gras* 4) draco, -onis *der Drache* 5) genuit *er, sie, es brachte hervor* 6) sopire *einschläfern* 7) pellis, -is *Fell* 8) privare *(mit Abl.) berauben*

2 Schulz
ab

57 Prädikatsnomen
Infinitiv als Objekt und Subjekt

A 1. Übersetze: a) Romani viros bonos consules creabant. b) Multi Romanos severos putabant (iudicabant). c) Quis senatum Romanum concilium[1] regum nominavit (appellavit)? Verwandle die Sätze ins Passiv!
2. Übersetze und gib jeweils an, ob es sich um Objekts- oder Subjektsinfinitive handelt: a) Verbis amici fidi parere bonum est. b) Servis non licebat ex aedibus exire. c) Omnes cives praeceptis magistratuum parere debebant. d) Quantopere desidero urbem Romam videre! e) Medea non dubitavit Peliae filiis persuadere, ut patrem necarent.

B Iason will die Herrschaft
1. Post reditum Iason secum cogitavit, quomodo Peliam regem necaret. 2. Uxoris artium memor: „Pellem[2]“, inquit, „raptare munus difficillimum erat. Iuvat me tuo consilio, uxor cara, omnia bene finivisse. 3. Tibi gratiam debeo. Quid carmina et venena tua non possunt? Multi te veneficam[3], nonnulli te deam putant. 4. Tuo auxilio etiam id, quod[4] nunc in animo habeo, impetrabo; praestat enim imperare quam servire. Sed fortes esse debemus. Ades mihi!“ 5. Et illa Iasonis preces non recusavit. 6. Cum ad filias Peliae venisset: „Patrem vestrum“, inquit, „in iuvenem mutabo. Ego enim talium artium non inscia sum. Ut augeam fidem vestram, arietem[5] veterem in agnum[6] pulchrum mutabo.“ 7. Bestia apportatur et necatur; pecus venenaque in magno vase miscentur: Iam vox tenera auditur, iam agnus[6] ex-silit. 8. Regis filiae, quamquam Medeam deam putant, verbis eius fidem habere dubitant. 9. Itaque Medea: „Quid cessatis? Haurite patris sanguinem veterem, ut compleam venas[7] sanguine novo! In vestris manibus vita est aetasque patris.“ 10. Talibus verbis commotae filiae senem necaverunt; Medea autem promissa[8] sua non praestitit. Hoc modo Iason regnum[9] sibi paravit.

C 1. Die Senatoren wurden von den Römern Väter genannt. Die Römer nannten die Senatoren Väter. 2. Viele halten die Reichen für glücklich; Sokrates aber hielt die Guten für glücklich, die Schlechten für unglücklich. 3. Die Römer wählten jährlich (*quotannis*) je zwei Bürger zu Konsuln (*auch im Passiv*). 4. Die Griechen lehrten die Römer viele Künste. 5. In Ehren (ehrenhaft) arm zu sein ist besser als ungerecht reich zu sein. 6. Der größte Reichtum ist es, nicht nach Reichtümern zu streben.

---

1) concilium *die Versammlung* 2) pellis, -is *das Fell* 3) venefica *die Giftmischerin* 4) quod *was* 5) aries, -ĕtis *der Widder* 6) agnus *das Lamm* 7) vena *die Ader* 8) promissum *das Versprochene, Versprechen* 9) regnum *die Herrschaft*

58 Der AcI als Satzglied
Infinitivformen

A 1. Bilde zu *inflammo, misceo, munio* alle dir bekannten Infinitive.
2. Aus zwei Sätzen mache einen mit Hilfe der AcI-Konstruktion:
a) Scimus: tyranni[1] crudeles sunt. b) Audivimus: etiam Dionysius, tyrannus Syracusarum, crudelis fuit. c) Omnes sciunt: Moerus Dionysium necare studuit. d) Quis nescit? Moerus captatus et vinctus est.

B Medeas schrecklichste Tat (1. Teil)
1. Post hoc scelus multi Medeam esse crudelem iudicabant. 2. Non mirum, si Medea sensit periculum instare. 3. Iam Iasoni nuntiatur ipsi et uxori insidias parari. 4. Denique cives ab eo postulaverunt, ut regnum[2] alii traderet. Tandem civibus in dies magis urgentibus parens Iason cum Medea et duobus filiis Corinthum[3] properavit. 5. Cum ibi vitam miserrimam tolerarent, Corinthii dolebant Iasonem, hominem pulchrum et fortem, uxorem feram et crudelem habere eiusque crudelitate[4] longe abesse a patria. 6. Misericordia commotus rex Corinthiorum filiam suam iuveni uxorem dare in animo habuit. 7. Medea autem curis turbata: „Sis mihi fidus“, inquit, „marite[5] optime! 8. Apparet te nulla alia ratione nisi meis artibus pericula sustinuisse et inimicos superavisse.“ 9. Iason uxoris lacrimis et precibus permotus respondit se ei semper fidum fuisse semperque fore[6]. 10. Medea autem, quamquam maritus[5] talia responderat, curis vexabatur; timebat enim, ne Iason verbis regis pareret.

C 1. Wir wissen, daß (!) Löwen nicht leicht gebändigt werden können°. 2. Wer weiß nicht, daß (!) Holz (*lignum*) leichter als Wasser ist? 3. Die Alten glaubten, daß (!) sich die Sonne um die Erde bewege (daß die Sonne ... bewegt werde). 4. Der Philosoph Thales war überzeugt (... hatte sich (*Kasus!*) überzeugt), daß (!) das Wasser der Anfang aller Dinge sei. 5. Wir haben gehört, daß (!) Carthago und Korinth im selben Jahr von den Römern zerstört worden sind.

D 1. Unterscheide: a) Oro avunculum, ut veniat. b) Dicis avunculum venire. Im Deutschen ist in beiden Fällen ein daß-Satz möglich. Das Lateinische setzt verschiedene Konstruktionen. Wann steht der *ut*-Satz, wann der AcI?
2. Zwei Freunde begegnen sich nach langer Zeit wieder:
– Tu hic? Audivi te mortuum esse.
– Quid dicis? Vides me vivere.
– At ille, qui[7] mihi narravit te mortuum esse, fide dignior est quam tu.

---

1) tyrannus *Tyrann, Gewaltherrscher* 2) regnum *die Herrschaft* 3) *hier: nach Korinth* 4) crudelitas, -atis *abzuleiten von* crudelis 5) maritus *der Ehemann* 6) fore *Inf. Fut. zu* esse: *sein werden* 7) qui *welcher*

59 Der AcI als Satzglied
Der AcI im Futur Aktiv

A 1. Bilde sämtliche Infinitive zu *domo, moveo, vincio*.
2. Entscheide, ob das Reflexivpronomen steht oder *is, ea, id*: a) Medea sperabat Iasonem ... semper gratiam habiturum esse.b) ... fidum fore putabat. c) Brevi autem vidit ... miseram fore. d) Iason cum de incendio domus regiae comperiret, de puerorum salute cogitavit; ... in periculo esse sciebat. e) Speravit ... ... servaturum esse. f) Cum autem Medeam a-volare videret, scivit ... liberos necavisse. g) ... non erravisse scimus.
3. Setze den richtigen Infinitiv: a) Arion poeta sperabat se in Italia magnas divitias (parare). b) Multi incolae Siciliae exspectabant Arionem (venire) et omnes arte sua (delectare). c) Quis nescit poetam magnis divitiis (donare)? d) Putabat se nave divitias domum (portare). e) Scimus nautas divitias (raptare) poetamque in mare (praecipitare). f) Quis ignorat poetam a delphinis[1] e fluctibus (servare) et ante adventum nautarum Corinthum[2] (pervenire). g) Eos a tyranno[3] poena gravi (punire) apparet. h) Speramus malos poenam meritam numquam (vitare).

B Medeas schrecklichste Tat (2. Teil)
1. Et profecto rex Corinthius Iasoni persuasit, ut uxorem liberosque repudiaret. 2. Cum rex iuraret se ei etiam regnum daturum esse, Iason ad nuptias paratus erat. 3. Medea cum videret nuptias parari et se repudiatam esse, clamavit: „Quam misera sum! Frustra speravi te mihi fidum fore et gratiam habiturum esse pro auxilio meo. Nunc scio me miseram fore et per orbem vastum erraturam esse.“ 4. Ira commota iuravit se regis et Iasonis familiam esse deleturam. 5. Statim coronam[4] ex venenis fecit eamque regis filiae dari iussit. Ac ea, cum donum temptaret, conflagravit[5]. 6. Medea ut domum regiam ardere vidit, filiorum cubiculum[6] adiit. 7. Cum pueros dormientes[7] spectaret, multis cum lacrimis ait: 8. „Ut illum ignavum Iasonem puniam, liberos eius necabo. Quid dubito? Etiam si omnes putant me crudelem esse, nulla alia ratione nisi nece liberorum eum delere possum.“ 9. Secum cogitavit: „Quae[8] vita eis manebit? Apparet istos sine matris cura miseria et inopia perituros esse.“ 10. Tum filios necavit et a-volavit per aerem[9].

C 1. Wer weiß nicht, daß (!) der Konsul Regulus von den Karthagern (*Carthaginienses*) besiegt worden ist? 2. Wir haben gehört, daß (!) er Kriegs-

---

1) delphinus *der Delphin* 2) Corinthum (Akk.) *nach Korinth* 3) tyrannus *der Herrscher* 4) corona *der Kranz* 5) conflagrare *verbrennen* 6) cubiculum *das Schlafzimmer* 7) dormire *schlafen* 8) quae *was für ein* 9) aer, aeris *die Luft*

gefangener gewesen ist. 3. Weil die Karthager hofften, er werde (!) ihnen einen einen günstigen Frieden ermöglichen (bereiten), baten sie ihn, nach Rom (*Romam*) zu fahren (segeln, *ut* mit *Konj. Impf.*). 4. Vorher schwor er (*Perf.*), er werde (!) zu ihnen zurückkehren, wenn er ihnen den Frieden nicht vermitteln (bereiten) könne° (*Konj. Plqupf.*). 5. Nachdem Regulus angekommen war, riet er (*Perf.*) den Senatoren, den Karthagern den Frieden zu verweigern (*ut* mit *Konj. Impf.*). 6. Dann sagte er (*Perf.*), daß (!) er nicht in der Stadt Rom bleiben werde (... leugnete er, daß er ... bleiben werde). 7. Wir wissen, daß (!) er nach der Rückkehr von den Karthagern getötet worden ist.

D 1. Erkläre, wer mit dem Reflexivpronomen sowie mit dem Pronomen *is, ea, id* in 59 B gemeint ist.

2. Vergleiche folgende Sätze aus B bezüglich der Stellung:

Cum rex iuraret se ei regnum daturum esse, Iason ad nuptias paratus erat.
Medea **cum** videret nuptias parari ..., clamavit.

Erkläre die unterschiedliche Stellung der Konjunktion *cum*. Suche nach weiteren Beispielen in 59 B.

3. Silbenrätsel

a, au, ba, bac, be, chus, ci, ci, cri, cu, di, e, fi, gu, hec, her, le, les, li, li, nau, ne, ni, o, o, o, o, o, phan, ra, ris, sa, si, stus, ta, ti, ti, ti, tor, tus, u, um, um, um, xes.

1. dux Troianorum 2. contrarium (*Gegenteil*) amoris 3. regina Thebanorum 4. duabus rebus homo bestiis praestat: ratione et ... 5. insula Italiae 6. vir fortis et prudens; multa monstra necavit. 7. imperator Romanus; pacem renovavit. 8. deus vini 9. bestia multa animalia magnitudine superans 10. flumen Italiae 11. contrarium (*Gegenteil*) negotii 12. vir maria per-volans 13. vir fortis et prudens; bello Troiano interfuit. 14. donum deos delectans.

Die Anfangsbuchstaben der lateinischen Wörter ergeben eine lateinische Sentenz.

4. Cum navis tempestate gravi iactaretur, homo impius magna voce oravit: „Adeste nobis, dei optimi!“ Statim magister navis: „Tace! Si dei vident te hic adesse, de nobis actum[1] est.“

1) de me actum est *um mich ist es geschehen, ich bin verloren*

60 Konsonantische Konjugation: Formen des Präsensstammes

A 1. Nun wenden wir uns der letzten Konjugationsgruppe zu. Was wir bei der i-Konjugation gelernt haben, gilt auch hier. Ergänze die Übersicht:

audi-u-nt	quaer-	audi-e-ba-m	. . . .
audi-u-ntur	. . . .	audi-e-ba-r	. . . .
audi-e-ns	. . . .		
audi-a-m, audi-e-s	. . . .		
audi-a-r, audi-e-ris	. . . .		

Neu zu merken ist:
a) Präsens Aktiv: quaer-i-s, quaer-i-t...
Präsens Passiv: quaer-e-ris, quaer-i-tur...
b) Imperativ: quaer-e, quaer-i-te
c) Infinitiv Aktiv: quaer-e-re, Infinitiv Passiv: quaer-**i**

2. Ein einziger Buchstabe entscheidet! Übersetze: pete, peti, peto; terunt, terant, terent, terenti; spernere, spernerem, sperner, sperneres.
3. Lauter ähnlich klingende Formen. Unterscheide und übersetze: legis, legas, leges (2); petunt, pereunt, petant, patent; sitis (2), sinitis, sideris; spernes, speres, species; teret, terret, tenet.

B Zikade und Eule
1. Apud Phaedrum poetam hanc fabulam legimus:
2. Cicadam[1] noctua[2] suppliciter oravit, ut silentium[3] teneret; ea enim nocte victum quaerere solet, die autem quieti se dare. 3. Quamquam rogata est, ut taceret, magna voce cantare perseveravit. 4. Iterum noctua[2] dicit: „Id unum a te peto, ut taceas. Cur precibus meis non pares? Cave, ne me in furorem agas!“ 5. Noctua[2], cum cerneret mentem cicadae[1] precibus non verti: „Nunc“, inquit, „alia ratione id, quod[4] peto, impetrabo.“ 6. Et ad cicadam se vertens ait: „Carmina tua me non sinunt dormire[5]. 7. Iure omnes dicunt te tam pulchre cantare, ut etiam Apollini, deo carminum, voce praestes. 8. Nunc nectar[6] a Minerva nuper datum bibere[7] in animo habeo. Nisi id spernis, veni, ut una[8]

1) cicada *die Zikade* 2) noctua *die Eule* 3) silentium *das Schweigen, die Stille* 4) quod *hier: was* 5) dormire *schlafen* 6) nectar, -aris n. *Nektar (Göttertrank)* 7) bibere *trinken* 8) una *zusammen*

bibamus[1]!“ 9. Illa et siti ardens et cernens vocem suam laudari statim advolat. 10. Noctua autem cicadam ore capessit et devorat[2]. Sic, quod[3] viva[4] negaverat, mortua dedit.
11. Fabula docet: Qui[5] alterius precibus non cedit, plerumque poenas dare debet superbiae.

C 1. Lies diese Bücher! Tüchtige Kinder werden diese Bücher nie zurückweisen. 2. Die Gedichte Homers werden die Leser (die Herzen der Lesenden) stets erfreuen. 3. Hannibal ermunterte (*Perf.*) die verzweifelnden Soldaten so: „Seid guten Mutes! Ich werde euch in die fruchtbaren (*frugifer, a, um*) Gegenden Italiens führen.“ Da riefen (*Perf.*) die Soldaten, weil sie wünschten, nach Italien geführt zu werden (*ut* mit *Konj. Impf.*): „Führe uns in jene Gegenden! Denn es ist uns angenehm, von dir geführt zu werden.“ 4. Der Philosoph Plato fordert, daß der Staat von möglichst weisen und gerechten Männern gelenkt wird (*Konj. Präs.*). 5. Was sucht ihr, Freunde? Warum fragt ihr uns nicht, wo die Bücher sind (*Konj. Präs.*)?

D 1. *erudio et rego.* Ergänze ebenso:
eruditis, erudiris, erudiamini, erudiuntur, erudire, erudiri, erudiens, erudientes.
2. Vorsicht Stolpersteine!
Timemus, ne praecepta dominorum malorum iniusta sint.
Cavete, ne dominis iniustis pareatis.
Übersetze beide Sätze. Erkläre, warum im Lateinischen *ne* steht.
3. Der Philosoph Diogenes provoziert seine Mitbürger:
Aliquando Diogenes philosophus die per vias Athenarum ibat magnam lucernam[6] manu tenens. Cum a civibus rogaretur, quid quaereret, respondit: „Hominem quaero.“
Was wollte Diogenes damit zum Ausdruck bingen?
4. In taberna:
Hospes: Solesne pecuniam statim ex-petere ab hospitibus?
Caupo[7]: Non ab omnibus, sed ab eis, qui[8] fungos[9] cenant.

---

1) bibere *trinken* 2) devorare *verschlingen* 3) quod *was* 4) vivus, a, um *zu Lebzeiten* 5) qui *hier: wer* 6) lucerna *die Laterne* 7) caupo, -onis *der Wirt (vgl. ‚kaufen‘)* 8) qui *welche* 9) fungus *der Pilz*

61 Konsonantische Konjugation: v-Perfekt

A 1. Neue Verben, neue Fehlerquellen! Vorsicht bei gleichklingenden Verben! Übersetze: **c**ernunt – **sp**ernunt – **st**ernunt; **arc**essis – **cap**essis – **lac**essis.
2. Unterscheide: tenere – terrere – terere; desiderare – desilire – desinere.
3. Übersetze: sine (2), sive; quaeris, quies; spernas, speras; tibi, trivi, trium; pede, pete, pedes (2), petes, pende; arceri, arcessi, arcui (2).

B Gyges und sein Ring
1. Gyges, vir fortis et prudens, pecora regis Lydorum pascebat[1]. 2. Aliquando hiatum[2] vidit, ubi equus aeneus[3] in-erat. Statim desiluit. 3. Dum statuam miram spectat, cernit in eius latere portam esse. Neque dubitat eam aperire. 4. Magnus terror pastorem admodum adulescentem tenet. Ante oculos est corpus hominis mortui ingenti magnitudine[4]. In digito[5] eius anulus[6] aureus est. 5. Avaritia commotus Gyges eum de manu mortui raptat et ipse induit[7]. Tum ad ceteros pastores redit. 6. Cum ibi anulum[6] casu movisset, subito a pastoribus non iam visus est, ipse autem eos vidit. Visus autem est, cum anulum in priorem locum removisset. 7. Tum Gyges decrevit munus pastoris desinere. Secum ait: 8. „Cur me in laboribus teram[8]? Cur cum veste trita incedam[8]? Mihi maximos honores quaeram.“ 9. Neque quaerere desiit, quomodo regnum sibi pararet. Denique neque dolum neque scelus sprevit, ut id capesseret, quod[9] peteret. 10. Auxilio anuli[6] uxorem regis sibi conciliavit et Candaulem regem ferro stravit.

C 1. Penelope, die Gemahlin des Odysseus, hörte (*Perf.*) nie auf, ihrem Gemahl (*maritus*) die Treue zu bewahren, obwohl viele adelige junge Männer sie aufsuchten (*convenire*) und um° die schöne Königin warben (erstrebten). 2. Diese aber wies (*Perf.*) die Freier (*procus*) zurück, indem° sie sagte (sagend), daß (!) sie Odysseus die Treue halten (bewahren) werde. 3. Dennoch blieben (*Perf.*) die Freier und hörten (*Perf.*) nicht auf, die Königin zu bedrängen. 4. Niemand konnte sie von der Königin abhalten. 5. Schließlich verlangten (*Perf.*) sie von Penelope, daß sie entscheide (*ut* mit *Konj. Impf.*), wen sie den übrigen vorziehe (*anteponere, Konj. Impf.*). 6. Penelope aber suchte, wie sie der drohenden Gefahr entgehen könne° (wie sie die ... meide, *Konj. Impf.*)

---

1) pascere *hüten, weiden* 2) hiatus, -us *der Spalt* 3) aëneus, a, um *aus Erz* 4) magnitudo *zu* magnus 5) digitus *der Finger* 6) anulus *der Ring* 7) induere *anziehen, anstecken* 8) *Übersetze die Konjunktive mit „sollen“!* 9) quod *hier: was*

62 Konsonantische Konjugation: u-Perfekt

A 1. Vorsicht vor Verwechslungen! Bestimme: collo, colo, colloco; alui, alti, alteri, alieni, alii, ali, ale; consule (2), consuli (2), consului, consulta; sero (2), servo (2), sere, seri; treme, tere.
2. Achte auf den Kasus bei *quaerere* und *consulere* und übersetze:
a) Hunc librum per multas horas quaesivi. b) Ex amico meo quaesivi, sed nesciebat, ubi liber esset. c) Postremo patrem consului. d) Orator, cum res futuras recte provideret, saluti civitatis consuluit (providit).

B Wie es zur Gründung von Karthago kam
In Tyrus, einer bedeutenden Stadt Phönikiens, herrschten nach dem Tod des Königs dessen Kinder, nämlich seine Tochter Dido und sein Sohn Pygmalion.
1. Quis nescit ex avaritia et cupiditate potentiae maxima scelera gigni? 2. Post mortem patris Dido cum Pygmalione fratre regnum tenebat. 3. Brevi autem Pygmalion cupiditate regni commotus civibus persuasit, ut Didonem desererent sibique soli imperium mandarent. 4. Paulo post[1] Dido constituit Sychaeo nubere[2], viro omnibus praestanti divitiis. 5. Rex autem, cum divitiis eius invideret, affinem[3] per insidias necavit. Neque tamen aurum eius invenit; nam Dido sola sciebat, ubi depositum esset. 6. Illa dies noctesque animo volvit, quomodo fratris insidias vitaret. Tandem sibi proposuit, ut dolum adhiberet. 7. Itaque litteras blandas[4] ad fratrem dedit petens ab eo, ut naves mitteret, quibus[5] divitias suas Tyrum[6], in caput regni, transportaret. 8. Statim rex, quia maximam spem alebat brevi aurum sororis sibi fore, naves mitti iussit. 9. Sed illa interea nonnullos principes crudelitatem regis metuentes de fuga consuluerat eisque consilia sua exposuerat. Diu de periculis disseruerant. 10. Denique principes per silentium[7] noctis res Didonis in naves imposuerunt et cum ea ipsa in mare altum navigaverunt, ut sedes novas sibi quaererent. Post paucos dies in Africae litus pervenerunt, ubi Carthaginem aedificaverunt.

C 1. Tag (*Pl.*) und Nacht (*Pl.*) überlegte Pẹnelopa (wälzte sie im° Sinn/*Abl.*) wie sie der Hochzeit entgehen könne° (wie sie die Hochzeit vermeide, *Konj. Impf.*). 2. Schließlich verkündete (*Perf.*) sie folgendes (dies, *Pl.*) um die Herzen der Freier (*procus*) zu beruhigen (*ut* mit *Konj. Impf.*): „Ich habe beschlossen, meinem Schwiegervater (*socer, -eri*) ein Gewand (Kleid) zu weben (*texere*). 3. Wenn ich das Werk beendet habe (*Fut. II.*),

---

1) paulo post *bald darauf* 2) nubere *(m. Dat.) heiraten* 3) affinis, -is *der Schwager* 4) blandus, a, um *schmeichelnd* 5) quibus *auf welchen* 6) Tyrum *nach Tyrus* 7) silentium *das Schweigen*

62

werde ich euch sagen, was ich beschlossen habe (*Konj. Perf.*).“ 4. Die Freier (*procus*) waren zufrieden, weil sie überzeugt waren (... sie sich eindringlich geraten hatten), daß (!) die Königin ihnen (!) die Hochzeit in Aussicht gestellt habe. 5. Die Königin aber eilte (mit *petere, Perf.*) in ihr Gemach (*conclave, -is n.*); dort arbeitete sie den ganzen Tag, in der Nacht aber trennte (*solvere*) sie das Gewebte (*texta, -orum*) wieder auf. 6. So warteten (*Perf.*) die Freier vergeblich.

D 1. Versuche die folgenden Fremdwörter zu erklären: trivial, Invasion, repetieren, exquisit, Sekret, Inquisition, Aktion, kon-sterniert.
Die Anfangsbuchstaben der lateinischen Wörter ergeben den Namen eines berühmten griechischen Sehers.

2. Lauter Sprüche! Von wem stammen sie?
Geflügeltes Wort eines römischen Kaisers, der eine Steuer für den Abwasserkanal Roms einführte: PECUNIA NON OLET[1].
Die letzten Worte eines berühmten griechischen Mathematikers:
NOLI[2] TURBARE CIRCULOS[3] MEOS.
Bekenntnis eines Philosophen: SCIO ME NIHIL SCIRE.
Die Anfangsbuchstaben der Persönlichkeiten, denen diese Worte zugeschrieben werden, ergeben ein lateinisches Wort.

3. Wörter von links und nach rechts lesbar. Übersetze sie:

v. li.	sero	v. re. (ores)	....
....	seri	( )	....
....	seres	( )	....
....	seret	( )	....
....	sererem	( )	....

4. Sokrates und sein Haus
Socrates philosophus fundamenta[4] domus parvae posuerat. Tum tres amici venerunt, ut aedificium spectarent. Cum fundamenta tam parva esse viderent, valde perturbati e philosopho quaesiverunt, cur tantus vir tam parvam domum aedificaret. Is ridens respondit: „Si maior esset, numquam veris amicis impleri posset.“
Was wollte Sokrates mit dieser Bemerkung zum Ausdruck bringen?

---

1) olēre *stinken* 2) noli *du sollst nicht* 3) circulus *der Kreis* 4) fundamentum *das Fundament*

63 Konsonantische Konjugation: s-Perfekt

A 1. Eine gute Merkhilfe sind Fremdwörter. Erkläre: Produktion, Konflikt, Protektion, fiktiv, instruieren, Manuskript, Rektion.
2. Bestimme: regi (2), rexi, recti (2); dic, dici, dixi; victurus, vincturus, vixi, vinxi, vivam(2), vitam, cinxerant, finxerunt.

B Ein Mann mit starken Nerven (I) (Odysseus bei Polyphem)
Odysseus war mit seinen Gefährten in die Höhle des Kyklopen Polyphem, eines einäugigen Riesen, eingedrungen. Dort waren sie gefangen, weil der Riese den Eingang mit einem gewaltigen Felsen versperrte.
1. Ulixes cum videret comites suos de salute desperare, quod Polyphemus cottidie[1] duos socios devoraret[2], constituit se suosque ab insidiis eius protegere. 2. Ut comites erigeret, dixit: „Res iam ad extremum[3] casum perducta est. 3. Vires nobis desunt, ut gladio stricto cum viro ingenti confligamus. Et quia ostium[4] saxo ingenti conclusum[5] est, caveamus, ne monstrum exstinguamus! 4. Undique saxis cincti non vi et armis, sed dolo atque consilio viam nobis parare debemus. Videamus, ut nos clam subducamus manibus monstri!“ 5. Tum Ulixes surrexit et poculum[6] vini optimi Polyphemo praebens: „Exstingue“, inquit, „sitim, Cyclops!“ 6. Cum ille vino gravis ex Ulixe quaereret, quomodo nominaretur, Ulixes dixit: „'Nemo' nominor. Sic vocant me parentes et propinqui.“ 7. Neque Cyclops sensit nomen fictum esse. 8. Tum Polyphemum vino somnoque[7] domitum Ulixes sociique eius stipite[8] acri caecaverunt[9]. 9. Statim ille vehementi dolore vexatus ceteros Cyclopes magna voce arcessivit: „Adeste mihi! Nemo mihi necem parat.“ 10. Tum illi dixerunt: „Si nemo tibi insidias parat, auxilio non eges.“ Ridentes domum redierunt.

C Von einer schlechten Schrift (schlecht geschriebenen Buchstaben) pflegten die Römer zu sagen: „Eine Henne (*gallina*) hat das° geschrieben.“ 2. Wir wissen, daß die römischen Soldaten sich (ihre Körper) mit viereckigen (*quadratus*) Schilden schützten. 3. Als der Philosoph Anaxagoras erfahren hatte, daß (!) sein Sohn tot sei, sagte er: „Ich wußte, daß (!) ich einen sterblichen Sohn hatte (daß ich einen Sterblichen gezeugt habe).“ 4. Wir wissen, daß (!) die Lazedämonier (*Lacedaemonii*) ihre Stadt nicht mit Mauern umgeben haben. 5. Die römischen Autoren haben viele Geschichten erdichtet, damit die Römer durch das Vorbild (durch die Beispiele) tapferer Männer ermutigt werden (*Konj. Impf.*).

---

1) cottidie *täglich* 2) devorare *verschlingen* 3) extremus, a, um *äußerst* 4) ostium *der Eingang* 5) conclusus, a, um *verschlossen* 6) poculum *der Becher* 7) somnus *der Schlaf* 8) stipes, -itis *der Pfahl* 9) caecare *blenden*

64 Konsonantische Konjugation: s-Perfekt

A 1. Erkläre mit Hilfe der Komposita die Bedeutung der Präfixe:

ad-ducere, *ad*-mittere, *ac*-cedere	ad: . . . .
de-sinere, *de*-ponere, *de*-serere	de: . . . .
im-ponere, in-ducere	in: . . . .
pro-tegere, *pro*-ponere, *pro*-ducere	pro: . . . .
com-ponere, *con*-stituere, *com*-mittere	con: . . . .
dis-cedere, *dis*-serere	dis: . . . .
sub-ducere, surgere (aus *sur*-regere)	sub: . . . .

2. Übersetze: ure, uro, uri, urbe, urge, ussi, usti; fixi, finxi, cinxi, strinxi.

B Ein Mann mit starken Nerven (II) (Odysseus bei Polyphem)

1. Polyphemum ostium[1] ingenti saxo clausisse comperimus. Itaque Graeci in-clusi caverant, ne Cyclopem exstinguerent; is enim solus saxum removere poterat. 2. Ulixes diem noctemque cogitaverat, quomodo cum comitibus e specu[2] evaderet. Suis enim timentibus, ne vitam amitterent, promiserat se eos e periculo instanti servaturum esse, nisi consilia sua contemnerent. 3. Tandem ex magno numero pecudum in specu[2] pernoctantium[3] maximas ex-quisivit et ternas[4] colligavit[5]; sub mediis pecudibus singuli Graeci pendebant. 4. Maximum omnium animalium Ulixes sibi ipsi destinavit[6]. 5. Prima luce Polyphemus caecus ad ostium[1] accessit saxumque removit, ut pecora e-mitteret. 6. Sed, ne Graeci in-clusi evadere possent, ille terga pecudum manibus temptavit ventres omittens. 7. Ita comites Ulixis salvi evaserunt. 8. Postremo, cum cetera pecora e specu[2] discessissent, illa pecus, sub qua[7] Ulixes pendebat, ostio[1] appropinquavit. 9. Etiam eam Polyphemus, cum tergum temptavisset, in campum dimisit. 10. Ita omnes consilio Ulixis manibus monstri atrocis evaserunt.

C 1. Worte belehren, Beispiele verleiten (ziehen) zur° Nachahmung°. 2. Es ist töricht, einem Wolf ein Schaf anzuvertrauen. 3. Oft verlieren wir Sicheres (*Pl.*), wenn° wir Unsicheres (*Pl.*) zu erreichen suchen (Unsicheres ... suchend). 4. Manche römische Kaiser haben furchtbare (schreckliche) Verbrechen begangen. 5. Caesar erlaubte (*Perf.*) den Helvetiern (*Helvetii*) nicht, durch die Provinz zu ziehen (wandern, *ut* mit *Konj. Impf.*). 6. Als die Perser heranrückten, schickten (*Perf.*) die Athener Gesandte nach Delphi (*Delphos*), damit sie den Gott um Rat fragten.

---

1) ostium *der Eingang* 2) specus, -us *die Höhle* 3) pernoctare *die Nacht verbringen* 4) terni, ae, a *je drei* 5) colligare *zusammenbinden* 6) destinare *bestimmen* 7) sub qua *unter welchem*

3. Schulz
ab

65 Das Relativpronomen

A Setze das Pronomen ein: a) Nioba, ... septem filios septemque filias habebat, superba erat. b) Nioba, ... septem filii septemque filiae erant, superba erat. c) Ulixes, ... dolo Troia expugnata erat, per maria erravit. d) Romani Vestam colebant, in ... templo ignis aeternus a virginibus servabatur. e) Parete praeceptis, ... deus hominibus dedit. f) Amate parentes, ... multa beneficia debetis.

B Von Kaiser Domitian

1. Suetonius auctor de Domitiano, qui primus omnium imperatorum postulabat, ut dominus ac deus appellaretur, haec fere narrat: 2. Titus Flavius Domitianus non solum in homines, sed etiam in bestias crudelis erat. 3. Muscas[1] enim, quae in cubiculo[2] eius erant, captabat captatasque enecabat[3]. 4. Aliquando custos, qui iuxta portam erat, medico roganti, numquis[4] cum imperatore in cubiculo[2] esset, dixit: „Ne musca[1] quidem!" – 5. Ampla opera, quae incendio deleta erant, renovavit; in iis erat Capitolium, quod rursus arserat. 6. Novam aedem exstruxit[5] in Capitolio custodi Iovi et novum forum, quod nunc Nervae forum vocatur, item Flaviae gentis templum et naumachiam[6], e cuius lapidibus postea Maximus Circus exstructus est[5]. 7. Exhaustus operum impensis[7] stipendioque, quod militibus dederat, temptavit militum numerum minuere. Sed cum obnoxium[8] se barbaris esse videret, omni modo bona divitibus detrahere temptabat. 8. Non raro crimine ficto ii, qui divitiis ceteris praestabant, corripiebantur[9].

C 1. Domitianus, dessen Herrschaft sehr grausam war, befahl (*imperare, Perf.*) den Römern, ihn *(se)* Herr und Gott zu nennen (*ut* mit *Konj. Impf.*). 2. Oft fingierte (erfand) er Anklagen (*crimen, -inis*), mit deren Hilfe° (mit denen) diejenigen, die die übrigen an Reichtum übertrafen, vor Gericht (ins Recht) gerufen wurden. 3. Die Güter der Verurteilten wurden eingezogen (*publicare*). 4. Titus, dessen Tod alle beweinten, starb (*Perf.*) im dritten Jahr seiner Herrschaft; Nero aber, den alle fürchteten, herrschte vierzehn Jahre lang. 5. Welche Bauwerke Roms hast du gesehen? Die mit vielen Bildern geschmückte Säule (*columna*), die Kaiser Trajanus in der Stadt Rom aufstellen ließ° (*Perf.*), kann heute noch besichtigt (angeschaut) werden.

---

1) musca *die Fliege* 2) cubiculum *das Schlafzimmer* 3) enecare *zu Tode quälen* 4) numquis *ob jemand* 5) extruere, exstruxi, exstructum *erbauen* 6) naumachia *Naumachie (künstlicher See für Seeschlachten)* 7) impensum *die Aufwendung* 8) obnoxius, a, um *ausgesetzt, preisgegeben* 9) corripiebantur *sie wurden verhaftet*

66 Relativer Satzanschluß
Indefinitivpronomina

A Die Römer liebten den ‚relativen Satzanschluß'. Übersetze und gib das Bezugswort an: a) Caesar Pompeium acie superavit. Qui cum saluti[1] timeret, in Aegyptum navigavit. b) Pompeius cum eo venisset, a rege Aegyptiorum necatus est. Quo facto rex Caesarem sibi non conciliavit. c) Caesar enim Cleopatrae favit. Cui regnum mandavit.

B Ein Rätsel auf Leben und Tod (Die Sphinx)
In der Stadt Theben war ein furchtbares Ungeheuer aufgetaucht: Die Sphinx.
1. Sphinx, monstrum quoddam, caput et pectus virginis, alas[2] avis, ventrem leonis habebat. 2. Quod animal ad Thebas in saxo alto sedens Thebanis auctor erat maximorum malorum. Aenigma[3] enim, quod a Musis audiverat, praetereuntibus proponere solebat. 3. Qui id solvere non poterat, eum de saxo praecipitabat, ut misere periret. 4. Hoc erat aenigma[3]: Quod animal est mane quadru-pes[4], meridie bi-pes, vespere[5] tri-pes? 5. Thebani de salute desperaverunt: 6. „Si quae urbs deorum voluntatem laeserit, iure immortalium poenam non vitabit. Nos autem nullius sceleris memores misere perimus. 7. Aliquod numen nobis inimicum urbem exstinguere constituit. Quis nobis aderit?" 8. Ignorabant, quomodo id[6] curarent, ne quid detrimenti[7] urbs haberet. Aliquem venturum esse sperabant, qui se liberare posset. 9. Denique e-dixerunt, ut is, qui aenigma[3] solvisset, rex Thebarum esset et Iocastam reginam uxorem duceret. 10. Brevi Oedipus venit; a Sphinge rogatus dixit hoc animal esse hominem. Quae interpretatio[8] vera inventa est. Quare Sphinx irae plena de saxo se praecipitavit et periit.

C 1. Themistokles wurde (*Perf.*) von seinem Vater enterbt (*exheredare*). Diese (rel. A.) Schande aber° brach (*Perf.*) ihn nicht, sondern ermutigte (*Perf.*) ihn°. 2. Themistokles riet (*Perf.*) den Bürgern, die Stadt zu verlassen (aus der Stadt … wegzugehen) und sich auf° (mit) den Schiffen zu retten (*ut* mit *Konj. Impf.*). Da sie (rel. A.) seinem (dessen) Rat folgten, retteten (*Perf.*) sie ihr Leben (=sich). 3. Themistokles vergrößerte (*Perf.*) die Flotte. Daher (rel. A.) wurde der Argwohn (*suspicio, -onis*) der Lacedämonier (*Lacedaemonii*) erregt (bewegt). 4. Bekannt ist jener Senatsbeschluß: Die Konsuln mögen darauf° sehen, daß der Staat keinen Schaden (nicht etwas des Schadens) nehme (habe, *Konj. Präs.*). Durch diesen (rel. A.) Beschluß wurde die höchste Macht den Konsuln allein übergeben.

---

1) *Übersetze den Dativ mit „um"* 2) ala *der Flügel* 3) aenigma, -atis *n. Rätsel* 4) quadrupes *vierfüßig*, bipes *zweifüßig* 5) vespere *am Abend* 6) id *hier: dafür* 7) detrimentum *der Schaden* 8) interpretatio, -onis *die Deutung, Lösung*

67 Konsonantische Konjugation: Perfekt mit Reduplikation

A 1. Unterscheide: c**a**dere f**a**llen – c**ae**dere f**ä**llen
('Eselsbrücke': că̆dere / fallen – das geht sehr schnell,
cāēdere / fällen – das dauert lang)
Bestimme: occīdi (2), occĭdi, occīdunt, occĭdunt, occīdit (2), cécidi, cecídit, caesi, casurus, occīsi, accidit (2), cadent, caedant.

2. Hier mußt du genau hinsehen:

Präsens: tango – tendo – tego – teneo – tero – terreo
Perfekt: tetigi – tetendi – texi – tenui – trivi – terrui

Setze die Formen des Präsensstammes in die entsprechenden Formen des Perfektstammes: tangis, tenebis, teres, terrebat, tegeret, tendere, tangunt, tegebant, tererem, tendent.

3. Setze die richtigen Komposita von *dare* ein. Verwende die Verben *condere, perdere, prodere* (zweimal), *reddere, tradere.*

a) Memoriae . . . . (Poetae . . . .) Theseum multa facta praeclara commisisse. b) Quis nescit Romam a Romulo . . . .? c) Augustus cum Vari legiones a Germanis deletas esse comperisset, exclamavit: „Vare, legiones . . . .!" d) Scitis Spartiatas ab homine improbo ad Thermopylas . . . . e) Avaritia et luxuria etiam maximas civitates . . . .

B Der Fuchs und der Rabe

1. Corvus[1] cum caseum[2] raptavisset, in arborem altam volaverat, ut eum ibi ederet[3]. 2. Vulpes[4] fame laborans et cibum ap-petens verbis blandis[5] non pepercit: 3. „Quantam dignitatem corpore et cultu ostendis! Te omnibus animalibus figura praestare contendo. 4. Profecto, ego te avium principem dicerem, si vocem pulchram haberes." 5. Ac voce humili addidit: „Etiam cetera animalia, mihi crede, te regem redderent." 6. Talibus laudibus vulpi[4] contigit, ut bestiae superbae persuaderet, ut artem suam demonstraret. 7. Statim corvus[1] cupiditate gloriae impulsus vocem edere paravit. 8. Sed eodem tempore accidit, ut ex ore aperto caseus[2] ex-cideret; quem vulpes[4] celeriter dentibus capessivit. 9. Traditum est illud Phaedri: Qui se laudari gaudet[6] verbis blandis[5], dat poenas turpes.

C 1. Als Caesar erfahren hatte, daß (!) die Helvetier (*Helvetii*) sich anschickten, durch die römische Provinz zu ziehen (wandern), eilte (*Perf.*) er nach Italien. 2. Als ein (gewisser) Soldat die Flucht ergreifen

---

1) corvus *der Rabe* 2) caseus *der Käse* 3) edere *essen* 4) vulpes, -is *der Fuchs* 5) blandus, a, um *schmeichlerisch* 6) gaudere *sich freuen*

wollte (mit *Part. Fut.*), drehte (*Perf.*) Caesar dessen Kopf herum (*retro*), zeigte (*Perf.*) auf° die Feinde und schrie (*Perf.*): „Wohin eilst du (*3. Konj.*)? Dort sind sie°, mit denen wir kämpfen." 3. Caesar gelang (*Perf.*) es, in einem Jahr zwei Feinde aus Gallien zu vertreiben (*ut* mit *Konj. Impf.*), die Helvetier und die Germanen. 4. Caesars Milde (*clementia*) war bekannt; als er nach dem Sieg in die Stadt Rom zurückgekehrt war, schonte (*Perf.*) er seine Gegner.

D 1. Achte bei der Übersetzung auf die Konstruktion bzw. Rektion bei den Verben *parcere, contendere, reddere, credere*.

a) Rex Persarum, cum Athenas expugnavisset, ne templis quidem pepercit. b) Graeci contendebant regem Persarum auxilio deorum superatum esse. c) Scimus Graecos summa vi contendisse, ut Persas e Graecia pellerent. Quis nescit Graecos ad Salaminem cum barbaris contendisse? d) Apparet Augustum bella civilia componentem populo Romano pacem reddidisse. e) Etiam mare eum reddidisse tutum memoriae proditum est. e) Graves poenas dat, qui sua amico incerto credit.

2. Ein „Wortspiel"

Olim Claudia a magistro severe punita erat. Cum vehementer fleret, magister eam domum misit patri duo verba scribens: „Miseram miseram."

Klingen die beiden Wörter, richtig ausgesprochen, wirklich gleich?

3. Zur Entspannung ein Silbenrätsel!

a, a, bri, bus, cae, do, i, is, la, li, ma, me, mi, mis, mus, nae, ne, ne, ner, o, per, phus, re, res, ri, ro, rus, sa, sar, si, su, sus, sy, tes, the, u, um, us, us, va, va, xes.

1. vir clarus a senatoribus occisus 2. locus victoriae regis Alexandri (333) 3. dux Romanus a Germanis superatus 4. rex Cretae ad Troiam pugnans 5. locus victoriae Graecorum (480) 6. frater Romuli 7. Agamemnonis filius, qui matrem necavit 8. imperator Romanus, qui Germanos superavit 9. caput Graeciae 10. imperator, cuius iussu Christiani crudeliter occisi sunt 11. regio Italiae 12. rex Corinthius, qui Mortem vinxit 13. cognomen ultimi regis Romanorum 14. vir prudens ad Troiam pugnans 15. dea artium.

Die Anfangsbuchstaben der gesuchten Wörter ergeben einen Satz, der den Stolz der Römer auf ihren Staat erkennen läßt.

68 Konsonantische Konjugation: Perfekt mit Dehnung

A Prägen wir uns die neuen Verben mit Hilfe der Besonderheiten ein!

a) Beachte: emo, ēmi; aber:	demere	(aus: de-emere)	dem**ps**i
	promere	(aus: pro-emere)	prom**ps**i
	sumere	(aus: sub-emere)	sum**ps**i
b) Beachte: lego, lēgi; aber:	diligere		dile**x**i
	neglegere		negle**x**i
	intellegere		intelle**x**i

2. Unterscheide: vince, vinci (2), vinxi, vici (2), vixi, vini, vicini, vitent, vivent, victurus (2), vincent, vincient, victus (2); cogi, coegi.

B Odysseus' Heimkehr

1. Cum Ulixes post viginti annos in patriam rediret, nemo sciebat, quis esset; Minerva enim virum fortem in senem mutaverat. 2. Interea magnus numerus iuvenum nobilium in insulam Ithacam venerat, quorum quisque[1] optabat, ut Penelopa, Ulixis uxor, sibi nuberet[2]. 3. E gregibus[3] regiis amplas pecudes, e cellis[4] optima vina promi iubebant. 4. Denique Penelopam desiderio mariti[5] fractam coegerunt, ut unum e procis[6] maritum[5] sibi deligeret. 5. Quae cum intellegeret se impetui iuvenum obstare non posse, promisit se uxorem eius fore, qui Ulixis arcum veterem tenderet sagittamque per duodecim securium[7] foramina mitteret. 6. Sed nullius vires suppetebant. Tum senex exegit, ut sibi arcus traderetur. 7. Quamquam iuvenes senem superbe ridebant, Telemachus, filius Ulixis, ei arcum tradidit. Quem senex laetus sumpsit facileque tetendit. 8. Tum procis[6] perterritis dixit: „Ego sum Ulixes, cuius bona consumpsistis, cuius filio insidias paravistis, cuius uxorem coegistis, ut desperaret. Itaque nemini parcam." 9. Neque antea arma deposuit, quam omnes inimici victi et occisi erant.

C 1. Zehn Jahre lang war es den Griechen nicht gelungen, Troja in ihre Gewalt zu bringen (*ut* mit *Konj. Impf.*). 2. Da sahen sie ein *(Perf.)*, daß (!) die Trojaner nicht mit Waffengewalt besiegt werden können. 3. Um die Stadt zu bezwingen (*ut* mit *Konj. Impf.*), wandten *(Perf.)* sie eine List an. 4. Sie wählten *(Perf.)* Männer aus, die, in einem hölzernen (*ligneus*) Pferd versteckt, die Trojaner ins Verderben stürzen (verderben) sollten° (*Konj.*). 5. Und dennoch hätten sie die Stadt nicht erobert, wenn die Trojaner die Worte des Priesters nicht mißachtet hätten.

---

1) quisque *(ein) jeder* 2) nubere *(mit Dat.) heiraten* 3) grex, gregis *die Herde* 4) cella *der Keller* 5) maritus *der Gemahl* 6) procus *der Freier* 7) securium foramina *die Löcher von Beilen*

69 Die Modi in Aussage-, Frage- und Begehrsätzen
Konsonantische Konjugation: Perfekt ohne Stammveränderung

A 1. Unterscheide: incendere (incendium), descendere, decedere;
accendere, ascendere, accedere, accidere.
Übersetze: descendunt, decedant, incendent, ascenderunt, accesserant, accendissent, incendi (2), incensi, descende, decederem.
2. Übersetze und bestimme die Modi: a) Longum est scelera Neronis enumerare. b) Oportebat eum rebus civilibus studere. c) Cives tyrannum necare debuerunt. d) Iure aliquis dixerit: „Ne reprehenderitis cives! e) Quis crederet Neronem tanto furore esse?"

B Der Löwe und der Fuchs
1. Leo fractus annis et desertus viribus in specu[1] suo iacebat gravi fame laborans. 2. Cuius vires cum adeo minutae essent, ut non iam victum sibi parare posset, aegrum simulavit. 3. Cum fama morbi orbem pervolavisset, bestiae venerunt, ut regem aegrum visitarent[2]. Omnes autem, quae speluncam[3] intraverant, leo statim comprehendebat et devorabat[4]. 4. Vulpes[5] cum ad specum[1] ascenderet, animadvertit multa vestigia[6] ad leonem, nulla retrorsum[7] spectare. Itaque cavit, ne intraret. 5. Tum leo: „Vulpes cara, gravi morbo laboro. Doloribus pereo. Sentio mortem mihi vicinam esse. Quid aliud dicam? 6. Nulla spes est me ad bonam valetudinem perventurum esse. Ne dubitaveris intrare, ut mihi de vita decessuro adsis!" 7. Cum autem vulpes[5] neque responderet neque iniret, leo ira incensus clamavit: 8. „Tuum est praeceptis regis parere. Iam diu oportebat me visitare[2]. Ne abieris! Ne deserueris regem. Intra!" 9. Sed vulpes[5] ridens respondit: „Quid me reprehendis? Te non tam morbo quam fame laborare puto. Vulpem ne optimo quidem dolo in errorem[8] inducas. Me ista vestigia[6] terrent." 10. His verbis a specu[1] se a-vertens de monte descendit.

C 1. Von ungeheuerer Begierde nach° Ruhm (*Gen.*) entflammt, zündete (*Perf.*) jemand (ein gewisser) den berühmten Tempel der Diana von Ephesus (*Diana Ephesia*) an. 2. Bald wurde (*Perf.*) er gefaßt. 3. Alle tadelten den Mann, der gehofft hatte, er werde (!) sich auf° diese Weise Ruhm erwerben. 4. Einer von den Bürgern sagte zornentbrannt: „Es wäre besser, den Verbrecher ohne Verfahren (*crimen*) zu bestrafen. Zögert nicht, ihn zu töten." 5. Sogleich schützten (verteidigten *Perf.*) die Richter den Angeklagten vor (*ab*) den erzürnten Bürgern.

---

1) specus, -us *die Höhle* 2) visitare *besuchen* 3) spelunca *die Höhle* 4) devorare *verschlingen* 5) vulpes, -is *der Fuchs* 6) vestigium *die Spur* 7) retrorsum *zurück* 8) error, -oris *der Irrtum*

4. Schulz
ab

70 Kurzvokalische i-Konjugation: Formen des Präsensstammes

A 1. Die Verben auf *-io* zeigen nur in folgenden Formen kein *-i-*:

Imperativ:	cap-**e**
Inf. Präs.:	cap-**e**-re
Konj. Impf.:	cap-**e**-re-m (Pass.: cap-**e**-re-r)
2. Pers. Sg. Präs. Pass.:	cap-**ĕ**-ris

2. Übersetze *afficere* zuerst mit „versehen", dann mit einer treffenden Formulierung. a) Quem iniuria afficitis? b) Romani multas gentes servitute afficiebant. c) Imperator milites praemiis afficiet. d) Multi gravi vulnere afficiebantur. e) Amici populi Romani beneficiis afficiuntur.

B Die stolze Krähe und der Pfau

1. Magna superbia impulsus graculus[1] pennas[2], quae pavoni[3] de-ciderant, sustulit seque ex-ornavit. 2. Deinde suos despiciens atque contemnens se miscuit pavonum[3] numero. 3. Qui cum avem superbum animadverterent, clamaverunt: 4. „Quid cupis, gracule[1] foede? Quid nobis est tecum? Effuge huc[4]!" 5. His verbis graculum[1] invadentes ei pennas[2] eripiunt pelluntque ictibus[5] vehementibus. 6. Graviter vulneratus graculus[1] ad socios suos redire incipit. Qui avem a pavonibus[3] pulsam non recipiunt. 7. Tum graculum[1] quidam ex illis, quos antea despicere solebat, reprehendit: 8. „Si contentus fuisses pennis[2] tuis et id, quod natura tibi dederat, toleravisses, ignominia liber esses." 9. A suis re-pulsus graculus[1] mortem obire cupiebat. 10. Poeta nos docet non oportere alienis bonis se iactare[6]; praestat suis rebus contentum vitam beatam vivere.

C 1. Zuerst denke, dann fasse einen Beschluß! Wenn du anders (*aliter*) handelst, erliegst du leicht einem Irrtum (wirst du ... von Irrtum erfaßt). 2. Ein Gesetz soll kurz sein, damit alle es leicht erfassen können°. 3. Reichtum, (Ehren)ämter, selbst das Leben werden dem Menschen oft entrissen, die Tüchtigkeit allein kann uns nicht entrissen werden. 4. Vergiß nicht (berücksichtige) die Wohltaten, die die Eltern dir erweisen (mit denen ... dich versehen). 5. Dummköpfe (Dumme) pflegen das zu verachten, was sie geistig (mit dem Geist) nicht fassen können°.

D 1. Hospes: Cras prima luce me excita, serve!
Servus: Ita faciam, domine, tu modo tintinnabulum[7] move!
2. Magister: Tene iuvat ad scholam ire?
Puer: Me iuvat ire ad scholam et a schola redire. Partem inter-positam non adeo amo.

---

1) graculus *die Krähe* 2) penna *die Feder* 3) pavo, -onis m. *der Pfau* 4) huc *von hier* 5) ictus, -us *der Schlag, Hieb* 6) se iactare *sich brüsten* 7) tintinnabulum *Klingel, Schelle*

71 Kurzvokalische i-Konjugation: Perfektstämme

A 1. Ordne die folgenden Wörter Verben auf *-io* zu: iactare, parentes, cupiditas, praeceptum, raptare, captare, conspectus, factum, fuga.
2. Ordne ebenso die folgenden Fremdwörter zu und versuche sie zu erklären: Injektion, Affekt, Konfekt, Perfektion, Rezeption, exzeptionell, akzeptieren, Perkussion, Respekt, despektierlich, Aspekt.
3. Hier heißt es aufpassen. Suche nach Merkhilfen!

parare	parēre	parĕre	patēre	parcere	pacare	placare	placere
paravi	parui	peperi	patui	peperci	pacavi	placavi	placui

B Vergebliche Warnung – eine Legende
1. Iulianus quidam cum cervum[1] sagitta percussurus esset, sonum[2] adhuc in-auditum animadvertit; statimque cervus[1] dicere coepit: 2. „Eos, qui te pepererunt, interficies. Ne despexeris verba mea!“ 3. Dum venator[3] telum iacere dubitat, cervus[1] fugit statimque silva exceptus est. 4. Iulianus verba mira respiciens in terram remotam con-fugit, ubi principi summa diligentia serviebat. 5. Denique, quia omnia mandata bene confecerat et praeclara facinora fecerat, exercitui praefectus est[4]. 6. Interea parentes timore commoti, ne quod detrimentum[5] filius cepisset, remotas quoque terras adierunt. Tandem laboribus confecti ad domum Iuliani venerunt. 7. Cuius uxor senes, cum intellegeret, quali valetudine essent, benigne recepit et curavit, ut vires cibo somnoque reficerentur[6]. 8. Cum coniceret eos Iuliani esse parentes, fessis lectum mariti concessit. 9. Iulianus cum domum redisset et homines alienos in lecto suo conspexisset, eos gladio stricto percussit. Sero ab uxore comperit se occidisse parentes. 10. Arma deiciens clamavit: „Quid feci!“ Statimque ad-iecit: „Cervus[1] me monuerat.“ Non desiit sibi ob-icere, quod parum[7] cavisset.

C 1. Die Griechen erlitten (empfingen, *Perf.*) von den Römern schwere Niederlagen. 2. Aber in kurzer Zeit wurde (*Perf.*) Rom von den Künsten und Wissenschaften der besiegten Griechen erobert (erfaßt). 3. Wer wüßte nicht, daß (!) die siegreichen (Sieger) Römer viele Städte geplündert und viele Kunstwerke nach Italien hinübergebracht haben? 4. Schließlich begannen (*Perf.*) griechische Philosophen, den Römern die Wissenschaften zu vermitteln (überliefern). 5. Vor allem von der Jugend wurden deren Lehren (Vorschriften) gern aufgenommen (*recipere*). 6. So errang (*Perf.*) schließlich das besiegte Griechenland den Sieg über die siegreichen (Sieger) Römer.

---

1) cervus *der Hirsch* 2) sonus *der Ton* 3) venator *der Jäger* 4) praeficere *(mit Dat.) an die Spitze stellen* 5) detrimentum *der Schaden* 6) reficere *wiederherstellen* 7) parum *zu wenig*

72 Konsonantische Konjugation: Verben mit Suffix -sc-

A 1. Endlich geschafft! Die letzten Verben sind ein Kinderspiel; fast für jedes gibt es eine Lernhilfe. Ordne folgende Wörter den betreffenden Verben auf *-sc-* zu: notus, postulare, creare, quies, cupere, docere, scire.

2. Unterscheide: nosco – nōvi – cognosco
docere – dicere – discere – discedere

Bestimme: nōvi, nŏvi (!), movi, novisse, cognovisse, coegisse, coercuisse; dixit, didicit, discessit, docuit; quieti, quievi; cede, crede, crevi, creavi, crebri; poscet, possit, possidet.

B Der Finger des heiligen Augustinus – eine Legende

1. Monachus[1] quidam, qui apud Augustinum, illum virum pium, doctrinam[2] Christi didicerat, ei adesse consueverat. 2. Quam ob rem mirum non est, si post mortem viri sancti ossa quoque eius custodiebat[3]. 3. Aliquando vir, qui monachum noverat, ab eo poposcit, ut sibi[4] digitum sancti Augustini daret; putabat enim digitum miracula[5] efficere posse. 4. Monachus cum primo se facturum esse negavisset, quod ille concupisceret, denique precibus eius paruit et: „Argentum“, inquit, „pro digito posco.“ 5. Quia autem cognovit scelus esse ossa viri in caelestium numerum asciti sumere, secum dixit: 6. „Quid faciam? Eum fallere[6] cogor. Numquam cognoscat se alterius digitum accepisse, non Augustini.“ 7. Brevi alter praemium, alter digitum accepit. 8. Ille consuetus digitum semper secum portare tanta facinora effecit, ut omnes vim dei ex operibus eius apparere agnoscerent. 9. Fama viri in dies crescebat. Cum monachus id comperisset,mala conscientia[7] impulsus dixit se illum fefellisse[6] et Augustini ossa integra quiescere in sepulcro[8]. 10. Quod cum magistratus aperuissent, cognoverunt unum digitum deesse. Et miraculo[5] et scelere percussi monachum in carcerem[9] coniecerunt.

C 1. Ein (gewisser) König begehrte einst von (*ab*) Euklid (*Euclides*), auf° (Abl.) einfachstem und kürzestem Weg in der Geometrie (*geometria*) unterwiesen zu werden (*erudire, ut* mit *Konj. Impf.*). 2. Da antwortete der Gelehrte (gelehrte Mann): „Du forderst Unmögliches (was [*Pl.*] nicht vollendet werden kann). Bald wirst du erkennen, daß (!) es in der Geometrie keinen Königsweg gibt (daß ... ein königlicher Weg nicht ist). Du wirst nicht zunehmen an° (Abl.) Einsicht, wenn du dich nicht daran gewöhnst (*Fut. II*) zu lernen wie die übrigen Menschen auch°.“ 3. Wir wissen (mit *noscere*), daß (!) Euklid richtig gesprochen hat.

1) monachus *der Mönch* 2) doctrina *die Lehre* 3) custodire *abzuleiten von* custos 4) sibi *hier: ihm* 5) miraculum *das Wunder* 6) fallere (*Perf.:* fefelli) *täuschen* 7) conscientia *das Gewissen* 8) sepulcrum *das Grab* 9) carcer, -eris *der Kerker*

73 Prädikativum
Participium coniunctum

A 1. Laeti sunt, qui salvi ex itinere domum redierunt.
2. Incolae urbis ab hostibus deletae tristes sortem suam defleverunt[1].
3. Homo bonus neminem sciens laedit.
4. Liberi inviti ludere[2] desinunt; mater puerum invitum domum vocat.
5. Lupus vivus captus est; lupum vivum cepimus.
6. Multis artificibus[3] poetisque honores non dantur vivis; mortui autem in honore sunt.
7. Alcibiadi, qui praesens imperator creatus erat, absenti Athenienses imperium abrogaverunt[4].
8. Hoc tibi soli dixi.
9. Uni Ulixi contigit, ut arcum ingentem tenderet.
10. Cicero cum a negotiis publicis se removisset[5], totum se philosophiae dedidit[6].
11. Quod puer didiceris, viro tibi prod-erit[7].

B Übersetze die folgenden Sätze und verwende dabei möglichst das Wort *zuerst*:
1. Hanc turrim ego primus ascendi (tu postremus).
2. Hanc turrim primam ascendi (deinde illam).
3. Primum turrim ascendi (deinde in vias despexi).

C Übersetze die folgenden Sätze nach verschiedenen Möglichkeiten. Achte dabei auf Zeitverhältnis und Sinnrichtung der Partizipien:
1. Puer officii neglegens[8] reprehenditur. Magister puerum officii neglegentem admonet.
2. Ulixes per terras perque maria errans omnes comites amisit. Viginti post annos domum rediens nemini notus erat; canis autem fidus dominum ab erroribus redeuntem salutavit.
3. Fabri pontem fluctibus deletum brevi renovaverunt.
4. Mercatores per loca vasta iter facientes inopia aquae vexabantur.
5. Xerxes Graecos bello petiturus maximum exercitum coegit.
6. Diogenes Alexandro Magno roganti, quid desideraret, respondit: „Paulum cede a sole!“ Idem quondam lucernam[9] accensam manu tenens meridie in foro ambulabat. Civibus rogantibus, quid ageret, respondit: „Hominem quaero.“

---

1) dēflēre *beweinen* 2) lūdere *spielen* 3) artifex, -icis *Künstler* 4) abrogāre *entziehen* 5) sē removēre *sich zurückziehen* 6) dēdere, dēdō, dēdidī, dēditum *hingeben* 7) prōdesse *nützen* 8) officiī neglegēns *pflichtvergessen* 9) lucerna, -ae *Öl-(Lampe)*

74 Ablativus absolutus (I)

A 1. Sole occidente venatores[1] praeda onerati in urbem redierunt.
2. Duobus certantibus tertius gaudio afficitur.
3. Actis laboribus iucunde quiescimus.
4. Multi homines dormire[2] consueverunt apertis fenestris[3].
5. Quid amittere possumus amissa libertate?
6. Vallibus campisque alta nive obrutis[4] multae aves fame pereunt.
7. Signo dato milites in hostem incursaverunt[5].
8. Militibus fortiter pugnantibus hostes cladem acceperunt.
9. Populus Romanus magnis cladibus acceptis numquam desperavit.
10. Militibus ad contionem[6] convocatis imperator: „Hostibus victis", inquit, „factaque pace domum redibitis."
11. Magna oratione habita consul forum reliquit.
12. Imbre imminente[7] liberi in silvam eunt.
13. Ancoris[8] sublatis naves in altum provectae sunt[9].
14. Crescente pecunia crescit avaritia.
15. Hercules summos labores subiit nullo adiuvante.

B 1. Suche aus den Sätzen A 1–16 die Ablativi absoluti heraus und formuliere den Inhalt der jeweiligen Aussage.
2. Übersetze und wandle sodann die Gliedsätze jeweils in einen Ablativus absolutus um:
a) Postquam oppidum expugnatum est, incolae in servitutem abducti sunt.
b) Si aër[10] adimitur, omnis flamma exstinguitur.
c) Caesar cum pontem in Rheno[11] fecisset, in fines Germanorum processit[12].
d) Graeci diversi in suas sedes redierunt, cum Troiam cepissent (↖..., cum Troia capta esset).
3. Übersetze die folgenden Sätze mit Abl. abs. jeweils durch Beiordnung und mit Hilfe eines Präpositionalausdruckes:
a) His verbis dictis legatus abiit.
b) Imperator oppido expugnato militibus praedam concessit.
c) Caesar militibus admonitis proelium commisit.

---

1) vēnātor, -ōris *Jäger* 2) dormīre *schlafen* 3) fenestra, -ae *Fenster* 4) nive obruere *mit Schnee bedekken* 5) incursāre in aliquem *sich auf jem. stürzen* 6) contiō, -ōnis *Versammlung* 7) imminēre *drohen* 8) ancora, -ae *Anker* 9) in altum prōvehī *auf die hohe See hinausfahren* 10) āēr, āeris m. *Luft* 11) in Rhēnō *hier: über den Rhein* 12) prōcēdere *vorrücken*

75 Ablativus absolutus (II)

A 1. Agamemnone duce Graeci ad Troiam navigaverunt.
2. Urbe capta milites neque feminis neque liberis pepercerunt.
3. Troia deleta Graeci naves ascenderunt, ut domum redirent.
4. Athenienses adventu Persarum audito auxilium a Spartiatis petiverunt.
5. Xerxes interfectis sacerdotibus templa deorum incendio delevit.
6. Persis victis Athenienses celeriter moenia renovaverunt.
7. Themistocle auctore Athenienses tot[1] naves longas[2] aedificaverunt quot iam habebant.
8. Te duce, Iuppiter Optime Maxime, rem bene geremus.
9. Natura duce errare non possumus.
10. Liberi abierunt parentibus invitis.
11. Me invito hoc fecisti.
12. Hoc feci vobis invitis.
13. Quod deo teste[3] promiseris, tenere debes.
14. Nobis praesentibus vera dicere debetis.
15. Magistro absente liberi clamant, praesente eo tacent.
16. Domino absente praedones domum diripuerunt et incendio deleverunt.
17. Flammis brevi tempore exstinctis nihil servari poterat.
18. Patre mortem obeunte omnes filii aderant.
19. Patre mortuo inter filios discordia exstitit[4].
20. Romulo rege urbs Roma moenibus circumdata est.
21. Helvetii Caesare invito iter per provinciam Romanam facere temptaverunt.
22. Nerone imperatore multi Christiani torti et interfecti sunt.

B 1. Suche aus den Sätzen A 1–22 diejenigen heraus, die statt des Partizips beim Ablativ ein Substantiv oder ein Adjektiv enthalten. Formuliere die Aussage im Deutschen mit dem Hilfsverb *sein*.
2. Übersetze treffend mit einem Präpositionalausdruck:
a) patre vivo b) medico praesente c) fratre mortuo d) aestate ineunte e) parentibus insciis f) Tarquinio rege / regnante g) his verbis dictis.

---

1) tot *so viele* 2) nāvis longa *Kriegsschiff* 3) testis, -is *Zeuge, Mitwisser* 4) ex(s)istere, ex(s)istō, exstitī *entstehen*

W 73 – 75

Dädalus und Ikarus (I)

Caede[1] in urbe Athenis facta Daedalus cum Icaro filio in insulam Cretam fugerat ibique Minoe[2] regnante labyrinthum[3] aedificaverat. Quo perfecto cum in patriam redire pararet, Minos non permisit, ut insula cederet.
Daedalus cum neque regem precibus movere neque clam effugere posset, novam quandam artem adhibuit: alis[4] et sibi et filio ex pennis[5] factis ceraque[6] ligatis[7] per aerem[8] fugere studebat.
Multo tempore multoque labore in hoc opere consumpto sperabat se perficere posse, quod sibi proposuisset[9]; neque operam perdidit[10].

Dädalus und Ikarus (II)

Daedalus cum rem prospere evenire[11] videret, Icaro filio praecepit, ut et calorem[12] solis et maris undas vitaret. Tum alis[4] motis in auras se levaverunt.
Icarus primo patris praeceptis paruit, sed paulo post[13] praeceptis neglectis audacior factus (est et) caelum ipsum attingere[14] temptabat.
Quomodo cum soli nimis[15] appropinquavisset, cera[6] pennarum[5] liquefacta[16] alae[4] solutae sunt[17]. Quo factum est[18], ut Icarus in mare praecipitaret aquisque submergeretur[19].
Icaro mortuo et in insula quadam sepulto Daedalus tristis rediit in patriam.

---

1) caedēs, -is *Mord, Mordtat* 2) Mīnōs, -ōis *Minos (Herrscher von Kreta)* 3) labyrinthus, -ī *Labyrinth* 4) āla, -ae *Flügel* 5) penna, -ae *Feder* 6) cēra, -ae *Wachs* 7) ligāre *verbinden* 8) āēr, āeris *Luft* 9) *im Dt. Ind.* 10) operam perdere *sich umsonst bemühen (wörtl.?)* 11) prosperē ēvenīre *sich günstig entwickeln* 12) calor, -ōris *Wärme, Hitze* 13) paulō post *bald darauf* 14) attingere *berühren* 15) nimis Adv. *(all)zu sehr* 16) liquēfacere *flüssig machen, schmelzen* 17) solvere, solvō, solvī, solūtum *(auf)lösen* 18) quō factum est *dadurch geschah es* 19) aquīs submergī *in den Fluten versinken*

Polykrates (I)

Amasi[1] rege in Aegypto regnante Polycrati[2], magnae virtutis viro, contigit, ut tyrannidem[3] Sami[4] insulae occuparet. Ac primo una cum fratribus regnabat; sed altero eorum occiso altero expulso Polycrates solus insulam obtinebat[5].
Hospitio[6] cum Amasi aliisque principibus facto magnaque classe instructa civitates finitimas bello petivit.
Multis urbibus insulisque subiectis Mileti[7] incolas urgebat; quibus subactis incolas Lesbi[8] insulae magna pugna navali[9] vicit.

Polykrates (II)

His rebus bene gestis intra paucos annos maximam in mari vim[10] habebat. Quare tyrannus felicissimus esse videbatur.
Sed antiquis (hominibus) deorum invidiam timentibus Amasis rex sollicitatus[11] admonuit, ut id, quod carissimum sibi[12] esset, ab-iceret. Quare Polycrates, ut amici consilio obtemperaret[13], in altum provectus[14] anulum[15] pretiosissimum[16] in undas de-iecit.
Sed post paucos dies accidit – quod nemo sperabat –, ut idem anulus[15] in ventre piscis[17] reperiretur.

Polykrates (III)

Hac re cognita Amasis rex Polycrati amicitiam renuntiavit[18] ratus[19] deorum invidiam amicum non posse effugere. Sed Polycrates non diutius[20] felicissimus fuit; ⟨seditione enim in classe eius commota⟩ tyrannus, cum navali pugna[9] victus Samum insulam aegre[21] ab hostibus defenderet, tantas perdidit opes[22], ut plurimae civitates ab eo deficerent.
Omnibus deinde rebus male gestis Polycrates a Persis postremo oppressus crucique[23] af-fixus est.

---

1) Amāsis, -is *Amasis (König von Ägypten)* 2) Polycratēs, -is *Polykrates (Tyrann von Samos)* 3) tyrannis, -idis *Gewaltherrschaft, Tyrannis* 4) Samus, -ī *Samos (Insel vor der Küste Kleinasiens)* 5) obtinēre *festhalten, behaupten, innehaben* 6) hospitium, -ī *Gastfreundschaft* 7) Mīlētus, -ī *Milet (Handelsstadt an der Küste Kleinasiens)* 8) Lesbus ,-ī *Lesbos (Insel nördl. von Samos)* 9) pūgna nāvālis *Seeschlacht* 10) vis *hier: Macht, Einfluß* 11) sollicitāre *beunruhigen* 12) sibi *ihm* 13) obtemperāre *gehorchen* 14) in altum prōvehī *auf die hohe See hinausfahren* 15) ānulus, -ī *Ring* 16) pretiōsus,a,um *kostbar* 17) piscis, -is *Fisch* 18) rēnuntiāre *aufkündigen* 19) ratus (Part.) *meinend, in der Meinung* 20) diutius *länger* 21) aegrē *mit Mühe, kaum* 22) opēs, -um f. *Reichtum; Macht* 23) crux, crucis *Kreuz*

Ein Attentat auf König Tarquinius Priscus (I)

Tarquinius Priscus, der fünfte der römischen Könige, hatte als Vormund der beiden Söhne seines Vorgängers Ancus Marcius die Herrschaft übernommen. Er hat die Absicht, sie an seinen Schwiegersohn Servius Tullius, den angeblichen Sohn einer Sklavin, weiterzugeben. Dieses Vorhaben, das auch die Gattin des Tarquinius eifrig unterstützt, wollen die Söhne des Ancus Marcius zunichtemachen.

Iniuriae dolor[1] in Tarquinium magis quam in Servium Anci filios stimulabat[2]. Quare regi ipsi insidiae parabantur.
Ex pastoribus duo ferocissimi ad facinus delecti sunt. Hi securibus[3] armati in vestibulo[4] domus regiae rixam moverunt[5] et rege absente omnes servos regios in se converterunt[6]. Inde[7], cum ambo[8] regem appellarent[9] clamorque eorum per totam domum sonaret[10], vocati ad regem sunt.
Clamore non intermisso[11] pastores ab lictore coerciti et iussi sunt invicem[12] dicere; tum alter eorum ex composito[13] dicere coepit.

Ein Attentat auf König Tarquinius Priscus (II)

Cum intentus[14] in eum rex se averteret[15], alter pastorum securim[3] in caput regis de-iecit; relicto in vulnere telo ambo[8] se foras[16] eiecerunt. Cum servi Tarquinium vulneratum excepissent[17], lictores comprehenderunt illos fugientes. Concursu populi deinde commoto omnes, quid esset, interrogabant.
Domo regia clausa arbitrisque[18] a-motis uxor Tarquinii vulnus regis curabat. Timebat, ne de vita ille decederet, sed iam alia praesidia[19] ex-cogitavit. Servio celeriter advocato exsanguem[20] paene virum ostendit; tum dexteram Servii tenens oravit, ut mortem regis vindicaret[21].

---

1) iniūriae dolor *Erbitterung über die Ungerechtigkeit* 2) stimulāre *anstacheln, reizen* 3) secūris, -is (Akk.-im) *Beil* 4) vestibulum, -ī *Vorhalle* 5) rīxam movēre *Streit beginnen* 6) servōs in sē convertere *die Aufmerksamkeit der Sklaven auf sich lenken* 7) inde Adv. *dann; daher* 8) ambō *beide (zusammen)* 9) rēgem appellāre *nach dem König rufen* 10) sonāre *tönen, hallen* 11) intermittere *unterbrechen* 12) invicem Adv. *abwechselnd, wechselweise* 13) ex compositō *verabredungsgemäß* 14) intentus in *konzentriert auf* 15) āvertere *abwenden* 16) forās Adv. *hinaus* 17) excipere *hier: auffangen* 18) arbiter, -trī *Augenzeuge* 19) praesidia, -ōrum *hier: Schutzmaßnahmen* 20) ex-sanguis, -e *tot, entseelt* 21) vindicāre *rächen*

Ein Dichterwettstreit in Alexandria (I)

König Ptolemaios von Ägypten, einer der Nachfolger Alexanders, war ein großer Freund der Wissenschaften und Künste. Er baute in Alexandria die berühmte Bibliothek und gründete auch musische Wettkämpfe zu Ehren des Gottes Apollon. Ein ausgewähltes Gremium von sieben hochgebildeten Richtern war hierbei für die Preisverteilung zuständig. Der folgende Text führt in eine solche Preisverteilung hinein:

Sex iudicibus iam delectis neque septimo idoneo invento rex interrogavit eos, qui bibliothecae[1] praeerant, num quem[2] novissent idoneum. Dixerunt esse quendam Aristophanem, qui summo studio plurimos libros per-legisset. Initio[3] ludorum facto Aristophanes quoque arcessitus est; sedibus distributis[4] iudices consederunt[5].
Poetarum versibus recitatis singuli iudices rogati sunt, ut sententiam dicerent. Sex inter se consenserunt eique, qui maxime multitudini placuisse videbatur, primum praemium tribuerunt[6]. Aristophanes autem eum primum esse dixit, qui minime populo placuisset.

Ein Dichterwettstreit in Alexandria (II)

Omnibus vehementer iratis surrexit Aristophanes silentioque facto: „Unus ex his“, inquit, „poeta est, ceteri aliena recitaverunt.“ Stupente[7] populo et rege dubitante ex bibliotheca[1] multa volumina[8] e-duxit eaque cum recitatis versibus comparavit. Quibus comparatis poetas furtum[9] fecisse apparuit. Illis cum ignominia dimissis rex Aristophanem amplis muneribus ornavit et supra bibliothecam[1] constituit.

---

1) bibliothēca,-ae *Bibliothek* 2) num quem *ob (irgend)einen* 3) initium,-ī *Anfang* 4) distribuere, -tribuō, -tribuī, -tribūtum *verteilen* 5) cōnsīdere, -sīdō, -sēdī *sich setzen* 6) tribuere *zuteilen* 7) stupēre *staunen* 8) volūmen,-minis *Buchrolle* 9) fūrtum,-ī *Diebstahl*

76 Akkusativ (I)

A 1. Cum Achilles Graecos non iam adiuvaret, Hector Patroclum eius amicum occidit.
2. Adiuvari non potestis.
3. Utinam te adiuvissem!
4. Eos imprimis adiuvare debemus, quos res ad vitam necessariae deficiunt.
5. Multos patientia[1] deficit, non vires.
6. Multi socii a Romanis defecerunt.
7. Qui iudicium fugit, se scelus commisisse concedit.
8. Nemo vim conscientiae[2] effugiet.
9. Liberos modestos[3] esse decet.
10. Tacere nos/vos/me/te/eum/eam/eos/eas decet.
11. Quem fugit Homerum virtutes Achillis et Ulixis cecinisse?

B Der Dichter Ovid in der Verbannung
1. Ovidius poeta cum ab imperatore Augusto ex urbe expulsus esset, apud Getas misere vivebat miseriamque saepe deflebat[4].
2. Versu quodam haec dicit:
Bạrbarus hịc ego sụm, quia nọn intẹllegor ụlli[5],
ẹt ridẹnt stolidị[6] vẹrba Latịna Getạe.
3. Quam saepe poeta patriam desiderabat!
4. Quam saepe adventum nuntii exspectabat!
5. Denique Ovidius patria expulsus salutem desperavit (Ovid starb in der Verbannung und wurde in Tomi, heute Konstanza am Schwarzen Meer, begraben).

C 1. Verwandle lateinisch ins Passiv und übersetze dann durch *helfen:*
a) Pater filios adiuvat. b) Sorores fratrem adiuverunt. c) Nemo te adiuvit. d) Cur me non adiuvas? e) Quis vos adiuvabit? f) Miseros adiuvamus. g) Cur nos non adiuvistis?
2. Fugeris = *du wirst gemieden = man flieht vor dir.*
Übersetze entsprechend: a) fugimur b) fugieris c) fugitur d) fugiantur e) fugiebar f) fugeremini g) fugientur.

---

1) patientia, -ae *Geduld* 2) cōnscientia, -ae Gewissen 3) modestus, a, um *bescheiden* 4) dēflēre *beweinen* 5) ūllī *übersetze: von jemand* 6) stolidus,a,um *dumm*

77 Akkusativ (II)

A 1. Graeci oraculum Delphicum[1] adibant; etiam Romanos hoc Apollinis oraculum nonnumquam adisse constat.
2. Quantos labores, quot pericula Romani antiqui pro salute patriae adierunt/subierunt!
3. Fama est Herculem Tartarum inisse.
4. Romani cum Sabinis foedus inierunt.
5. Hoc munus non obimus.
6. Themistocles sexaginta quinque annos natus mortem obiit.
7. Proximis feriis[2] pulchras Italiae regiones obibo.
8. Ne modum transeamus!
9. In-grati beneficia accepta silentio praetereunt.
10. Xerxes Hellespontum traiecit, ut Graecos subiceret.
11. Rex Persarum ingentes copias Hellespontum traduxit.
12. A Xerxe ingentes copiae Hellespontum traductae sunt.

B 1. Philosophus quidam: „Nihil“, inquit, „moveor doloribus corporis.“
2. Apud Ciceronem scriptum legimus: Hoc omnes gentes consentiunt et esse deos et permanere animos; id nemo dubitet!
3. Quid amicum verbis vulneravisti?
4. Suebi, gens Germanorum, non multum frumento, sed maximam partem lacte atque pecore vivebant multumque erant in venationibus[3].
5. Homines hominibus plurimum et prosunt et obsunt[4].

C Hannibals Elefanten überschreiten einen Fluß
1. Scriptor quidam Romanus tradit Hannibalem elephantos hoc modo flumen Rhodanum transportavisse[5]:
2. Eos cum impellere non posset, ut altum flumen transirent, neque naves aut rates[6] haberet, quibus bestiae flumen traicerentur, iussit ferocissimum elephantum sub aure vulnerari et eum, qui vulneravisset, fugere flumenque tranare[7].
3. Ac profecto elephantus lacessitus tranavit[7] amnem, ut auctorem doloris caperet puniretque.
4. Tum etiam reliqui elephanti amnem tranaverunt[7].

---

1) ōrāculum Delphicum *das Delphische Orakel* 2) fēriae, -ārum *Ferien* 3) vēnātiō, -ōnis *Jagd* 4) obesse *schaden* 5) trānsportāre *hinüberbringen* 6) ratis, -is *Floß* 7) trānāre *hinüber-, durchschwimmen*

78 Präpositionen beim Akkusativ

A 1. Nemo ante mortem beatus dici potest. 2. Galli credebant non interire[1] animas, sed ab aliis post mortem transire ad alios. 3. Apud Romanos mortui extra muros iuxta vias celebres sepeliebantur. 4. Prope urbem Monachium[2] via Romana est, quae hodie quoque spectari potest. 5. Romani viam Appiam propter gloriam reginam viarum appellabant. 6. Caesar a coniuratis[3] interfectus est prope statuam Pompeii. 7. Ulixes praeter omnium spem incolumis in patriam rediit; ibi omnes procos[4] praeter cantorem[5] et praeconem[6] occidit. 8. Quidam philosophi contendebant neminem a via recta ab-errare posse, si secundum naturam viveret.

B 1. Terra, ut veteres putabant, medio in mundo est; circum/circa eam sidera moventur. 2. Haec verba apud Tacitum inveniri possunt: „Christus Tiberio imperitante[7] per procuratorem[8] Pontium Pilatum supplicio affectus est[9].“ 3. Quid foedius est quam alterum per fidem fallere? 4. Virtutem petamus per se ipsam! 5. Homines per deos, deos per Stygem iurare Homerus dicit. 6. Per me ludere tibi licet. 7. Contra felicem vix deus vires habet. 8. Africa provincia contra Siciliam sita erat. 9. Iustitia erga deos religio, erga parentes pietas nominatur, ut ait Cicero.

C 1. Ịliacọs[10] intrạ murọs peccạtur et ẹxtra (so sieht der römische Dichter Horaz die Lage vor Troja). 2. Intra novem annos Graeci Troiam capere non potuerunt. 3. Caesar dicit in silvis Germaniae esse uros[11], qui magnitudine[12] sint non multum infra elephantos. 4. Homo cupiditatibus supra modum serviens non multum est supra bestiam. 5. Germani maximam partem trans Rhenum incolebant. 6. Civi bono omnium salus ob oculos est; ob eam rem/ quam ob rem nihil facit, quod aliis nocere potest.

---

1) interīre *untergehen* 2) Monachium -ī *München* 3) coniūrātus, -ī *Verschwörer* 4) procus, -ī *der Freier* 5) cantor, -ōris *Sänger* 6) praecō, -ōnis *Herold* 7) imperitāre = imperāre 8) prōcūrātor, -ōris *Verwalter, Provinzstatthalter* 9) suppliciō afficī *hingerichtet werden* 10) Īliacus, a,um *trojanisch* 11) ūrus,-ī *Ur, Auerochs* 12) magnitūdine *übersetze: an Größe*

W 76 – 78

Aristeides (I)

Aristides iisdem vixit temporibus, quibus Miltiades[1] et Themistocles floruerunt[2]. Quos viros patriae amore aequabat[3], innocentia[4] et iustitia superabat. Hac re evenit, ut cives eum Iustum vocarent.
Cum Persae in campum Marathonium[5] exercitum deducerent, Aristides in numero decem imperatorum fuit. Sic et Aristidi et Miltiadi contigit, ut barbaros vincerent.
Paulo post[6] cum Aristides archon[7] creatus esset, cum Themistocle de principatu[8] contendit. Ille enim id studebat, ut classis Atheniensium augeretur, at Aristides cives monuit, ut pedites maxime respicerent[9].

Aristeides (II)

Hi duo viri cum nonnullos annos inter se certavissent, Themistocles eloquentia[10] perfecit, ut Aristides in exilium[11] mitteretur. Quam poenam ille patienter subiit; nam cum intellegeret multitudinem excitatam reprimi[12] non posse, operam non dedit, ut illud effugeret iniustum iudicium. Patriam igitur reliquit, Aeginam[13] insulam obiit. Cum autem nuntiatum esset Xerxem ingenti cum exercitu Graeciam per-currere, Aristides innocentem[14] ac fidum se praestitit civem.

---

1) Miltiadēs, -is *Miltiades (Sieger von Marathon 490 v. Chr.)* 2) florēre *blühen, sich hervortun* 3) aequāre *erreichen* 4) innocentia, -ae *Uneigennützigkeit* 5) campus Marathōnius *die Ebene von Marathon* 6) paulō post *bald darauf* 7) archōn, -ontis *Archon (einer der neun höchsten Beamten Athens)* 8) prīncipātus, -ūs *Vorherrschaft, Vorrang* 9) respicere *hier: Wert legen auf* 10) ēloquentia, -ae *Beredsamkeit, Redegabe* 11) exilium, -ī *Verbannung* 12) reprimere *zurückdrängen, beschwichtigen* 13) Aegīnam *nach Aigina (Insel südlich von Salamis)* 14) innocēns, -entis *uneigennützig*

Aristeides (III)

Nam cum cognovisset barbaros classe Salaminem insulam circum-vehi, Themistoclem eos ad-venisse Graecosque cirumventos esse docuit[1]; et cum Graeci barbarique ad Salaminem acerrimam pugnam pugnarent, ipse Psyttaliam[2] insulam expugnavit.
Hoc facto Atheniensium populus postulavit, ut Aristides in patriam re-vocaretur.
Iustitiae vero et innocentiae[3] Aristidis multa sunt documenta[4]. Sua imprimis aequitate[5] perfecit, ut imperium maritimum a Lacedaemoniis ad Athenienses transiret; nam omnes Graeciae civitates Lacedaemoniorum superbiam horrebant Pausaniaeque[6], eorum duci, inviti parebant.

Aristeides (IV)

Sed Aristides, dux classis Atheniensium, in omnes socios mitem[7] se praebebat et clementem[8]. Quare accidit, ut illi ab Lacedaemoniis deficerent et Athenienses sibi duces deligerent contra barbaros.
Aristides cum iam ad summos ascendisset honores, septuaginta fere annos natus decessit. Tum vero apparuit, quam vehementer Athenienses mortem eius dolerent. Qui quamquam diu aerarium[9] administraverat summaque rei publicae negotia obierat, in tanta tamen paupertate mortuus est, ut filiae eius publice alerentur[10].

---

1) docēre mit AcI *(davon) in Kenntnis setzen, daß ...* 2) Psyttalia, -ae *Psyttaleīa (Inselchen zwischen Salamis und Athen)* 3) innocentia, -ae *Uneigennützigkeit* 4) documentum, -ī *Beweis* 5) aequitās, -ātis *Unparteilichkeit, Gerechtigkeitssinn* 6) Pausaniās, -ae *Pausanias (spartanischer Feldherr)* 7) mītis, -e *mild* 8) clēmēns, -entis *gütig* 9) aerārium, -ī *Staatskasse* 10) alere *hier: finanziell unterstützen*

79 velle – nolle – malle Infinitiv als Objekt

A 1. Orpheus tam pulchre cantabat, ut omnia animalia carmina eius audire vellent. 2. Cum Eurydica, uxor eius, mortua esset, vates solus vitam agere noluit; Plutonem adire et inferorum misericordiam carminibus movere decrevit. 3. Inferos imploravit: „Nolite recusare, quod peto! Reddite uxorem meam! Sine ea vivere nolo.“ 4. Inferi responderunt: „Tibi concedimus, quod vis. At scito: Noli te convertere in via!“

B 1. Christus nos monet, ut malimus iniuriam ferre quam facere.
2. Socrates contra leges agere noluit.
3. Si dixeris, quod alii audire nolunt, audies, quod etiam tu audire non vis.
4. Omnes optamus, ut cives pacem malint quam bellum.
5. Seneca: „Si amari vis, ama!“
6. Quod Lacedaemonii patriam defendere volebant, occidi malebant quam in servitute vivere.
7. Non semper voletis, quae nunc vultis.
8. Incidit in Scyllam, qui vult vitare Charybdim[1].
9. Ducunt volentem fata, nolentem trahunt.
10. Nemo fere tam modestus est, ut laudari nolit.
11. Volenti non fit[2] iniuria (römischer Rechtsgrundsatz).

C 1. Bilde die Tempusreihe zu: a) vis b) non vult c) mavultis.
2. Übersetze: a) vult b) noles c) mallent d) voluissemus e) volebatis f) maluerant g) malle.
3. Bestimme und übersetze die mehrdeutigen Formen: volo, volent, vis, malis.

D 1. Quis est tam avarus, ut malit dives quam sanus[3] esse?
2. Caesar in vico quodam Alpium primus esse malebat quam in urbe Roma secundus.
3. Qui modestus est in superiores, in inferiores iustus esse studeat!
4. Malim videri nimis[4] timidus quam parum[5] prudens.
5. Clodius tribunus plebis fieri volebat.
6. Cato bonus esse malebat quam bonus videri.
7. a) Nenne die Prädikatsnomina der Sätze D 1–6. b) Weshalb stehen sie alle im Nominativ?

---

1) Skylla ist ein Seeungeheuer, das dem verderbenbringenden Strudel Charybdis gegenüber haust; sie raubte dem Odysseus sechs Gefährten. 2) fit *es geschieht* 3) sānus,a,um *gesund* 4) nimis *(all)zu sehr* 5) parum *zu wenig*

80 Dativ als Objekt / Dativus commodi Präposition pro beim Ablativ

A 1. Fortuna nemini semper favet. 2. Bonis nocet, qui malis parcit. 3. Romani nobiles litteris Graecis studebant. 4. Qui egent, divitum opibus invidere consueverunt. 5. Laudi Miltiadis a Themistocle valde invisum est. 6. Cato civibus persuadebat, ut Carthaginem delerent; civibus persuasit opes Carthaginiensium Romanis periculosas esse. 7. Nobis persuasum est linguis antiquis memoriam exerceri atque ingenia excoli[1]: id multis persuasum est/id multi sibi persuaserunt. 8. A Socrate civibus persuasum est animos esse immortales. 9. Socrati ab amicis persuaderi non potuit, ut vitae suae parceret.

B 1. *mihi persuades* = du überzeugst mich (du redest mir ein)
mihi persuadetur = ich werde überzeugt (mir wird eingeredet)
mihi invides = du beneidest mich (du wirfst mir einen bösen Blick zu)
mihi invidetur = ich werde beneidet (mir wird ein böser Blick zugeworfen)
Übersetze entsprechend: a) eis invideretur b) nobis persuadetur c) mihi invidebatur d) tibi invisum est e) vobis persuadeatur f) mihi invisum erat g) omnibus persuasum est.
2. Konjugiere dt. und lat.: ich werde geschont *mihi parcitur.*
3. Bilde die Tempusreihe im Präsensstamm zu: eis favetur.

C 1. Alexander iam adulescens exercitui praefuit.
2. Cum in rebus adversis eratis, vobis subveniebamus.
3. a) Hominibus piis persuasum est deos consulere rebus humanis.
b) Veteres saepe oracula de rebus futuris consuluerunt.
4. a) Cassandra vates perniciem Troianorum providebat.
b) Providete/prospicite vestrae saluti et vestrorum!
5. a) Alexander irae parum[2] temperabat.
b) Athenienses Solonem rogaverunt, ut civitatem aequis temperaret legibus.

D 1. Persuasum sit vobis non scholae, sed vitae vos discere! 2. Soli deo gloria! 3. Sero venientibus ossa! 4. O vita, misero longa, felici brevis!

E 1. Dux custodes pro castris collocavit. 2. Unus pro omnibus dixit. 3. Legatus pro praetore missus est in provinciam. 4. Sparta muros non habebat; ibi viri erant pro muris. 5. Caesar dicit Helvetios pro multitudine hominum et pro gloria belli angustos se fines habere putavisse.

---

1) excolere *ausbilden* 2) parum *zu wenig*

81 Dativus finalis Verba defectiva

A 1. Non semper nobis laudi est, quod nobis usui est. 2. Cupiditates multis detrimento sunt. 3. Mihi cordi est te multum proficere. 4. Galli omnia, quae vivis maxime cordi fuerant, in ignem imponere et cum mortuis cremare[1] solebant. 5. Soloni concordia civium maximae curae erat. 6. Qui homines oderunt, hominibus sunt odio. 7. Odi odioque sum Romanis (Hannibal). 8. Themistocli crimini datum est, quod[2] litteras dedit ad Xerxem. 9. Pyrrhus Tarentinis frustra auxilio vēnit. 10. Caesar legionem undecimam castris praesidio reliquit. 11. Cur nobis auxilio non venistis? Vobis subvenire non potuimus, quia viae nivibus oppletae erant[3]. 12. Croesus multas res aureas et argenteas[4] Apollini Pythio dono dedit. 13. Aliis exemplo esse debetis. 14. Ii nobis summae admirationi sunt, qui non sibi, sed aliis vivunt.

B Sittenverfall in Rom

1. Priscis illis Romanis, cum essent rustici simplices, magnae laudi erat parsimonia[5]. 2. Postquam autem divitiae honori et paupertas probro[6] esse coeperunt, mores Romanorum corrumpebantur[7]. 3. Nam iis, qui labores et pericula facile toleraverant, luxuria oneri detrimentoque erat. 4. Huius rei documento[8] est exercitus, quem L. Cornelius Sulla in Asiam duxit. 5. Militibus enim eius Asiae opes tantae admirationi atque invidiae fuerunt, ut neque modum neque modestiam haberent. 6. Cui tum salus rei publicae Romanae non maximae curae fuit?

C 1. Mali semper oderint bonos.

2. Alterum odisse desines, si eum penitus[9] noveris.

3. Thales interroganti cuidam, quid esset difficillimum: „Se ipsum“, inquit, „novisse“.

4. Setze in die entsprechende Form des Perfektstammes:
incipiunt, incipiatis, incipiebamus, inciperet, incipiam (2), incipere.

5. Ersetze *soleo* durch *consuevi*, *scio* durch *novi*:
solemus, solebant, solebit, solere; scitis, scias, sciebamus, sciam (2), scies, scirem, scire.

---

1. crēmāre *(auf einem Scheiterhaufen) verbrennen* 2) quod *hier: daß* 3) opplēre *dicht bedecken* 4) argenteus,a,um *silbern* 5) parsimōnia, -ae *Sparsamkeit* 6) probrum, -ī *Vorwurf, Schande* 7) corrumpere *verderben* 8) documentum, -ī *Beweis* 9) penitus Adv. *völlig, gründlich*

W 79/81

Perikles (I)

Cum Pericles rei publicae operam dare[1] inciperet, Cimon princeps fuit civitatis. Qui nobilibus locupletibusque civibus favebat, quamquam magna liberalitate[2] etiam plebem sibi conciliare cupiebat idque studebat, ut optimates[3] rem publicam regerent et temperarent.
Sed Pericles plebem ad se allicere[4] eiusque potentiam augere volebat. Quare hi duo potissimum[5] inter se viri certabant et erant alter alteri inimicus. Nam Cimon Lacedaemoniis erat amicus eorumque commodis[6] summo favebat studio, cum putaret omnium Graecorum societatem[7] patriae maximo esse usui.

Perikles (II)

At Pericles Athenienses monebat, ut ab Lacedaemoniis caverent; nam persuasum ei erat Atheniensium opibus illos invidere neque communi Graecorum saluti prospicere/providere/consulere.
Quare Pericles, cum Lacedaemonii auxilium contra Messenios[8] peterent, suasit civibus, ne eis venirent auxilio. Cimon autem populo, ut auxilio venirent[9] Lacedaemoniis, persuasit.
Sed cum illi Atheniensium auxilia[10] turpiter domum dimisissent, haec ignominia Cimoni crimini data est isque ipse in exilium[11] missus.

---

1) reī pūblicae operam dāre *politisch tätig sein* 2) līberālitās, -ātis *edle Gesinnung, Freigebigkeit* 3) optimātēs, -ium *die Aristokraten* 4) allicere ad sē *an sich ziehen* 5) potissimum Adv. *hauptsächlich* 6) commodum, -ī *Vorteil* 7) societās, -ātis *Gemeinschaft, Bündnis* 8) Messēniī, -ōrum *die Messenier (Bewohner der Landschaft Messenien auf der Halbinsel Peloponnes)* 9) venīrent: *das Prädikat steht hier im Plural, weil es sich nicht auf den grammatischen Singular* populus, *sondern dem Sinne nach auf die vielen Menschen des Volkes bezieht* (*sog.* constructio ad sensum) 10) auxilia, -ōrum *Hilfstruppen* 11) exilium, -ī *Verbannung*

Perikles (III)

Quo ex tempore[12] Pericles civitati praeesse coepit talibusque legibus et institutis[13] rem publicam temperavit, ut civitas Atheniensium omnibus modis parata esset.
Longo illo muro aedificato[14] et navibus reparatis[15] novisque additis maxime cordi erat Pericli, ut quam plurimae civitates ad Atheniensium societatem[7] se applicarent[16]; quod Atheniensibus usui erat. Omnibus enim bellis, quae Athenienses cum exteris[17] gesserunt gentibus, Pericles rei publicae maximam peperit et utilitatem[18] et gloriam.

Perikles (IV)

Sed etiam domesticis rebus[19] summa praefuit prudentia et diligentia. Nam rem publicam institutis[13] et legibus ita temperavit, ut omnia in populi potestate essent omnibusque Athenarum civibus aequum ius tribueretur.
Quare Pericli contigit, ut summam in civitate auctoritatem haberet neque ei quisquam par esset aequalium. Nam non solum curavit, ut civitas Atheniensium mercatura[20], opibus, exercitu, classe ceteris Graecorum civitatibus praestaret, sed etiam eius opera factum est[21], ut Athenae artium et litterarum patria ac sedes essent multique cives philosophiae ac litteris se darent.
Quae omnia documento[22] esse possunt neminem Atheniensibus maiori fuisse gloriae quam Periclem.

---

12) quō ex tempore (= ex eō tempore) *seit dieser Zeit* 13) īnstitūtum, -ī *Einrichtung* 14) *die sog. Langen Mauern zwischen Athen und seinem Hafen Piräus* 15) reparāre wiederherstellen 16) sē applicāre *sich anschließen* 17) exterus,a,um *auswärtig* 18) ūtilitās, -ātis *Nutzen, Vorteil* 19) rēs domesticae *innere Angelegenheiten* 20) mercatūra, -ae *Handel* 21) factum est *es geschah* 22) documentum, -ī *Beweis*

Wie Scipio einen besiegten Feind behandelt (I)

Captiva a militibus adducta est ad Scipionem, adulta[1] virgo, quae forma praeter ceteras adeo excellebat, ut omnibus pulchritudine[2] sua admirationi esset. Scipio cum de patria parentibusque eam rogaret, inter cetera cognovit desponsam[3] eam esse principi Celtiberorum; adulescenti Allucius nomen erat. Statim parentibus sponsoque[3] arcessitis Scipio audivit iuvenem dies noctesque desiderare virginem ac perire paene sponsae amore[4]. Ad Allucium versus:

Wie Scipio einen besiegten Feind behandelt (II)

„Decet", inquit, „te me convenire et benevolentiam[5] petere ab imperatore Romano. Ne salutem desperaveris! Ne sortem tuam defleveris[6]! Servata est apud me sponsa[3] tua. Nam populus Romanus hostes non punit, sed magnanimum[7] se praebet ac benignum adversus victos. Quam ob rem in-violatam tibi reddo virginem. Hanc mercedem unam pro eo munere postulo: Amicus populo Romano sis et, si me virum bonum putas, scias multos mei similes[8] in civitate Romana esse."

Wie Scipio einen besiegten Feind behandelt (III)

Cum adulescens dextram Scipionis tenens id unum cogitaret, ut sponsam[3] reperiret, parentes virginis praetorium[9] inierunt magnam vim auri apportantes. Qui orare Scipionem coeperunt, ut aurum donum acciperet. At Scipio aurum ante pedes poni iussit advocatoque Allucio: „Supra dotem[10], inquit, „quam accepturus a socero[11] es, haec tibi a me dona accedent." Tum aurum tollere eum iussit.

---

1) adultus, a, um *erwachsen* 2) pulchritūdō, -inis *Schönheit* 3) (dē)spōnsus, -a alicui *verlobt mit jemandem; Subst.: der (die) Verlobte* 4) spōnsae amōre *aus Liebe zu seiner Verlobten* 5) benevolentia, -ae *Wohlwollen* 6) dēflēre *beweinen* 7) magnanimus, a, um *hochherzig* 8) meī similēs *Leute meinesgleichen* 9) praetōrium, -ī *Feldherrnzelt* 10) dōs, dōtis *die Mitgift* 11) socer, -erī *Schwiegervater*

82 Pronomina für ‚Zweiheiten' / Pronominaladjektive Dativus possessivus

A Mach Dir in der Gegenüberstellung die Bedeutung der Pronomina klar:

1. a) Nonnulli pueri	adsunt.	b) Duo pueri	adsunt.
2. a) Quis	abest?	b) Uter	abest?
3. a) Omnes	adsunt.	b) Uterque	adest.
4. a) Nemo	abest.	b) Neuter	abest.
5. a) Alii scribunt, alii legunt.		b) Alter scribit, alter legit.	

B 1. Alexander et Caesar viri clarissimi fuerunt.
2. Uter diutius[1] vixit?
3. Utrius vita per vim finita est?
4. Utri contigit, ut ad ultimas terrae partes perveniret?
5. Utrum (utrum virum) antiqui magis laudabant?

C 1. Solo Atheniensibus, Lycurgus Spartiatis leges scripsit.
2. Uterque cives obstrinxit[2], ne leges mutarent.
3. Utriusque leges diu manserunt.
4. Utrique non omnes cives faverunt.
5. Utrumque posteri[3] laudabant.
6. In utraque urbe illis viris statuae positae sunt.

D 1. Et Darius et Xerxes Graecos subigere studebant.
2. Sed neuter Graecos subicere potuit.
3. Neutrius exercitus victores fuerunt.
4. Neutri contigit, ut Graecos devinceret[4].
5. Neutrum Graeci sibi imperare volebant.
6. A neutro e Graecis victoria parta est[5].

E 1. Captivi sine ulla spe sunt; si ullo modo accidere potest, liberabimus eos.
2. Sine virtute neque amicitiam neque ullam aliam rem expetendam[6] nobis parere possumus.
3. Saepe sine ulla causa laeti estis.
4. Alter alterius auxilio eget.
5. Diligito[7] alterum ut te ipsum!
6. E duobus montibus Italiae nonnumquam ignes et cineres[8] e-rumpunt; alterius nomen est Vesuvius, alterius Aetna.
7. Atheniensium alii Themistocli favebant, alii Aristidi.

---

1) diutius *länger* 2) obstringere *verpflichten* 3) posterī, -ōrum *die Nachkommen, Nachwelt* 4) dēvincere *völlig besiegen* 5) victōriam parere ex aliquō *einen Sieg erringen über jem.* 6) expetendus,a,um *erstrebenswert* 7) dīligitō *du sollst lieben* 8) cinis, -eris *Asche*

83 Indefinitpronomina
Verallgemeinernde Relativpronomina

A 1. Iuris praecepta sunt haec: honeste vivere, alterum non laedere, suum cuique tribuere. 2. Natura unumquemque nostrum[1] discere cogit. 3. Suos quisque liberos bene erudiri vult. 4. Parentes optimum quemque magistrum eligunt. 5. Optimum quidque rarissimum[2] est. 6. Difficillime de se quisque recte iudicat. 7. Videre debemus, non solum quid quisque dicat, sed etiam quid quisque sentiat. 8. Pythia[3] primo celebrata sunt nono quoque anno, postea quinto quoque anno.

B 1. Cuivis bestiae domicilium suum est.
2. Vobis non licet quidvis / quidlibet dicere.
3. Poetae quamvis / quamlibet fabulam fingere possunt.
4. De qualibet re iudicare non possumus.
5. Socrates quamvis / quamlibet iniuriam tolerare maluit quam ipse quemquam iniuria afficere.

C 1. Quisquis es, te adiuvabo.
2. Quidquid bonum est, dei non sine aliquo labore praebent.
3. Quocumque ibis, tecum ibo.
4. Quantumcumque homo voluit, quantumcumque possedit, quotcumque / quotquot servis imperavit, de vita decedens omnia relinquit.
5. Quemcumque quaerit calamitas, (eum) facile invenit.
6. Quicumque consul magnam victoriam pepererat, triumpho honorabatur[4].
7. Quidquid creatum est, aliquando interire[5] necesse est.
8. Quaecumque promisisti, praestare debes.
9. Dei tibi dent pro meritis[6] tuis, quaecumque optas.

D Setze die entsprechenden Formen von *quicumque / quisquis* ein und übersetze:
1. Omnes, qui litteris student, numquam soli sunt.
2. Omnia, quae pro amicis toleramus, libenter toleremus!
3. Omne, quod tuum est, aliquando alius possidebit.
4. Omnes, quos vocaveras, dimisisti.
5. Omnia, quae habemus, vobis debemus.

---

1) nostrum *übersetze: von uns* 2) rārus,a,um *selten* 3) Pȳthia, -ōrum *die Pythischen Spiele (zu Ehren Apollons am Fuße des Parnaß bei Delphi veranstaltet)* 4) honōrāre *ehren* 5) interīre *untergehen* 6) meritum, -ī *das Verdienst*

W 82/83

Romulus und Remus (I)

Quicumque de urbis Romae initiis[1] narrant, de Romulo et Remo fratribus verba facere debent; quorum uterque filius Martis dei et Rheae Silvae, virginis Vestalis, fuit. Uter eorum Romam condidit? Utrius studio antiquissima urbis Romae pars aedificata est? Audite, quaecumque narrabo! Uterque fratrum iussu Amulii regis expositus est, utrique lupa quaedam mammas[2] praebuit (utrumque lupa uberibus[3] aluit), utrumque Faustulus pastor repperit.

Romulus und Remus (II)

Romulus et Remus cum adolevissent[4], Amulium regem necaverunt. Tum in animo habuerunt novam condere urbem. Uterque auspicia habuit: Romulus in Palatino, Remus in Aventino. Auspiciis habitis alteri eorum, Romulo soli, dei duodecim miserunt aves, alteri autem, Remo, sex tantum aves apparuerunt. Ab altero igitur solo, Romulo, nova urbs nomen cepit ‚Roma', sed Remus nullius urbis conditor[5] appellatur.

Romulus und Remus (III)

Novam urbem muro circumdare constituit Romulus et: „Numquam", inquit „ulli licebit (nemini umquam licebit) urbis meae muros transilire[6]. Quisquis urbem meam quoquo modo laeserit eiusque murum transiluerit[6], morte punietur". Sed Remus, quaecumque verba fecit frater, irridens[7] murum transiluit[6] et a Romulo necatus est.

Romulus und Remus (IV)

In urbe Roma cum nullae mulieres essent, Romulus finitimarum urbium incolas invitavit[8], ut ludos celebres spectarent. Multi Sabini cum uxoribus filiabusque[9] aderant; quas Romani inter ludos oppresserunt et rapuerunt; neque ullae neglectae sunt. Cum autem Sabini Tito Tatio rege Romanis bellum facerent, mulieres filiaeque neutros, nec Sabinos patres nec maritos[10] Romanos, destituere[11] volebant. Itaque[12] pace inter utrosque facta alii Romanos propinquos habebant, alii Sabinos novos amicos.

---

1) initium, -ī *Anfang* 2) mamma, -ae *Brust* 3) ūber, -eris n. *Euter* 4) adolēscere, -ēvī *heranwachsen* 5) conditor, -ōris *Gründer* 6) trānsilīre *überspringen* 7) irridēre *verlachen* 8) invitāre *einladen* 9) fīliābus Abl. Pl. *von* fīlia, -ae *(die alte Form* fīliābus *wird verwendet, um Mißverständnisse auszuschließen)* 10) marītus, -ī *Ehemann* 11) dēstituere *im Stich lassen* 12) *übersetze: (und) so*

84 Genitivus possessivus / Genitivus qualitatis Genitivus pretii

A 1. Virtutes animi manent, vires corporis consenescunt[1]. 2. Domus consulis (= domus, quam consul possidet) pulcherrima est. 3. Haec pulcherrima domus consulis est. 4. Non licet petere (id), quod alterius est. 5. Quidquid tuum est, aliquando alterius erit. 6. Romanorum nulla provincia erat usque ad primum bellum Punicum; post id bellum Sicilia insula Romanorum facta est. 7. Carthaginienses Hispaniam potestatis suae fecerunt. 8. Hispania Carthaginiensium / potestatis Carthaginiensium facta est. 9. Constantis est non perturbari rebus asperis. 10. Sapientis est sola ratione regi. 11. Hominis est cupiditatibus imperare. 12. Prudentis est nihil promittere, quod solvere[2] non possit[3].

B 1. Alexander moriens fuit triginta duorum annorum. 2. Annus est duodecim mensium. 3. Xerxis classis erat mille ducentarum navium; Graecorum classis erat circiter[4] quadringentarum navium. 4. Pueri quindecim annorum togam virilem[5] sumpserunt. 5. M. Porcius Cato vir fuit multae industriae et magni laboris. 6. Hannibal iam puer novem annorum cum patre in castris erat. 7. Marius ordinis equestris erat, Sulla ordinis senatorii. 8. Magnae divitiae, vis corporis, alia omnia huius modi brevi pereunt; at ingenii egregia facinora sicut animus immortalia sunt. 9. Tempus res est maximi pretii; nam omnia, ut ait Seneca, aliena[6] sunt, tempus tantum nostrum est.

C 1. Amici dulces[7], ut ait Cicero, minoris sunt quam amici acerbi[8]; hi enim verum saepe dicunt, illi numquam.
2. Divitiae, quae a plerisque plurimi aestimantur / ducuntur, non tanti / tantidem sunt quanti conscientia recta[9].
3. Quanti quisque se ipse aestimat, tanti aestimatur ab aliis.
4. Nihil pluris facere debemus quam iustitiam.
5. Virtutem constantiae Romani plurimi faciebant.
6. Qui superbe alterum parvi facit, ipse nihili est.
7. Mercator, qui rem non pluris vendit, sed tantidem quanti ipse ēmit, nihil lucri[10] facit.
8. In rebus dubiis plurimi est audacia.

---

1) cōnsenēscere *altern, hinfällig werden* 2) solvere *einlösen* 3) *im Dt. Ind.* 4) circiter *ungefähr* 5) toga virīlis *Männertoga* 6) aliēnus,a,um *hier: einem anderen gehörig* 7) dulcis, -e *angenehm* 8) acerbus, a,um *streng* 9) cōnscientia rēcta *gutes Gewissen* 10) lucrum, -ī *Gewinn*

85 Genitivus subiectivus Genitivus obiectivus

A 1. Orationes Ciceronis notissimae sunt. ⟷ Orationes, quas Cicero habuit, notissimae sunt. – Ciceronis: genitivus subiectivus!
2. Populorum spes pacis magna est. ⟷ Populi magnopere pacem sperant. – pacis: genitivus obiectivus!
3. Hostes Romanos timent: Metus hostium perniciosus[1] est ipsis (= hostibus); nam metus Romanorum perturbat hostes (= hostibus perniciosus[1] est). ‚Metus hostium' dicitur, et cum timent hostes et cum timentur (so sagt ein römischer Grammatiker).
4. Ignoratio[2] futurarum rerum utilior est quam scientia.
5. Malorum hominum consuetudo te ipsum malum faciet.
6. Consuetudo bonorum hominum homines bonos reddit.
7. Iucunda est memoria laborum praeteritorum.
8. Post bella civilia desiderium pacis in omnibus Romanis magnum fuit.
9. Spem pacis numquam deponemus.
10. Cicero exul[3] maximo desiderio patriae et suorum vexabatur.
11. Memoriam vestri semper servabimus.
12. Caecus amor sui nocet.
13. Aequus animus[4] est maximum remedium irae alterius.
14. Male geritur, quidquid geritur fortunae fide.
15. Iniuriarum acceptarum remedium est oblivio[5].

B Römische Spruchweisheit
1. Magna fuit quondam capitis reverentia[6] cani[7].
2. Crescit amor nummi[8], quantum ipsa pecunia crescit.
3. Oderunt peccare boni virtutis amore.
4. Linque[9] metum leti[10]; nam stultum[11] est tempore in omni,
dum[12] mortem metuas, amittere gaudia vitae.
5. Corporis exigui[13] vires contemnere noli:
consilio pollet[14], cui vim natura negavit.

1) perniciōsus,a,um *verderblich* 2) īgnōrātiō, -ōnis *Unkenntnis* 3) exul, -ulis *der Verbannte* 4) aequus animus *übersetze: Gleichmut* 5) oblīviō, -ōnis *das Vergessen* 6) reverentia, -ae *Ehrfurcht, Respekt* 7) cānus,a,um *grau* 8) nummus, -ī *Münze, Geld* 9) linquere *m. Akk. ablassen von* 10) lētum, -ī = mors, mortis 11) stultus,a,um *dumm* 12) dum *hier: weil ja* 13) exiguus,a,um *schwach* 14) pollēre *stark sein*

86 Genitivus partitivus

1. Socrates cum aliquando magnam vim auri argentique vidisset, ex-clamavit: „Quam multa non desidero!“
2. Da mihi poculum[1] vini!
3. Aliquantum temporis et operae consumere debemus, si in litteris aliquid proficere volumus.
4. Quid consilii inisti?
5. In Boeotorum gente plus virium quam ingenii inerat.
6. Africa nostris temporibus minus frumenti gignit quam antiquis.
7. Mercator, qui merces[2] male vendit, paulum aut nihil lucri[3] facit.
8. Pythagoras cum in geometria aliquid novi invenisset, Musis bovem immolavisse[4] dicitur.
9. Ne quid mali feceritis!
10. Multum honoris multum oneris.
11. Tarquinius Superbus septimus et ultimus regum Romanorum fuit.
12. Pythia dixit prudentissimum omnium Graecorum esse Socratem.
13. Gallia est omnis divisa in partes tres, quarum unam incolunt Belgae, aliam Aquitani, tertiam (ii), qui ipsorum (= sua) lingua Celtae, nostra Galli appellantur (Anfangssatz von Cäsars „Bellum Gallicum“).
14. Sicilia prima provinciarum populi Romani erat.
15. Quis mortalium non peccat?
16. Quis vestrum nomen celeberrimi poetae Graecorum ignorat?
17. Nemo nostrum sorte sua contentus est.
18. Alexander eo processit iracundiae[5], ut amicum necaret.

---

1) pōculum, -ī *Becher* 2) merx, mercis *Ware* 3) lucrum, -ī *Gewinn* 4) immolāre *opfern* 5) īrācundia, -ae *Jähzorn*

87 Genitiv bei Verben der Gerichtssprache

1. Quotannis[1] multi homines variorum scelerum accusantur, convincuntur, damnantur, velut furti[2], caedis, aliarum iniuriarum.
2. Athenienses Anaxagoram philosophum im-pietatis accusatum nullius sceleris convincere potuerunt; capitis / capite igitur absolutus ne pecunia quidem multatus est.
3. Socrates iniustissime accusatus capitisque damnatus est.
4. Alcibiadem absentem Athenienses sacrilegii[3] reum fecerunt; postquam se capitis damnatum esse audivit, Spartam petivit.
5. Cicero vigilantia[4] perfecit, ut Catilina eiusque socii proditionis[5] accusarentur capitisque damnarentur.
6. Caesar efficere[6] non potuit, ut Catilinae socii capitis / capite absolverentur.
7. Temporibus Caesarum[7] multi homines maiestatis (laesae) arcessiti sunt / rei facti (sunt et) gravissime puniti sunt; pauci maiestatis (laesae) absoluti sunt.
8. Homo sceleratus capitis absolvitur, multatur tamen pecunia.
9. Si quis magistratum petiturus turbam hominum conduxerat[8], ambitus[9] condemnabatur et in insulam de-portabatur.
10. Falsarum tabularum[10] convicti exilio multabantur.
11. Ii, qui aquaeductum[11] deleverant, maxima pecunia damnari solebant.

---

1) quotannīs *(all)jährlich* 2) fūrtum, -ī *Diebstahl* 3) sacrilegium, -ī *Religionsfrevel* 4) vigilantia, -ae *Wachsamkeit* 5) proditiō, -ōnis *Verrat* 6) efficere *fertigbringen, bewirken* 7) Caesarēs, -um *die Kaiser* 8) condūcere *anwerben* 9) ambitus, -ūs *gesetzwidrige Amtserschleichung* 10) falsārum tabulārum *wegen Urkundenfälschung (wörtl.?)* 11) aquaeductus, -ūs *Wasserleitung*

88 Genitiv als Objekt
Genitiv bei unpersönlichen Verben

A 1. Maiorum mementote! 2. Nolite im-memores esse maiorum! 3. Meministisne eius hominis? 4. Illam rem / illud bene memini. 5. Quis vestrum nostri meminit? 6. Haec semper meminero. 7. Memores este parent(i)um beneficiorum! 8. Im-prudentis est alterius vitia cernere, suorum im-memorem esse. 9. Cottidie servus inter cenam Darium de iniuria ab Atheniensibus accepta (gemeint ist der Sieg der Griechen bei Marathon 490 v. Chr.) admonuisse dicitur his verbis: „O rex, memento Atheniensium!"

B 1. Erroris virum probum pudet. 2. Pudet me levitatis[1] meae. 3. Pudeat te hoc facere. 4. Id nos paenitet. 5. Hoc te pudeat! 6. Paenituit nos iniuriae nostrae. 7. Nẹ te paẹniteạt durọs subiịsse labọres! 8. Philosophus quidam interrogatus, cur tạceret, respondit: „Verba fecisse me iam saepe paenituit, tacuisse numquam."

C 1. Viri sapientis parvi / paulum interest res futuras cognoscere.
2. Quid patris maxime intererat?
3. Quid vestra minime intererit?
4. Non mea solum, sed etiam tua interest / refert, quocum sit tibi amicitia et consuetudo.
5. Omnium bonorum aliquid interesse debet malos legibus coerceri.
6. Caesar dicere solebat minus sua quam rei publicae interesse se valere.
7. Vos valere mea maxime refert.
8. Theophrasti philosophi maxime intererat omnibus litteris erudiri.
9. Idem decedens naturam sic accusavisse dicitur: „Cervis[2] et cornicibus[3], quorum id nihil interest, vitam diuturnam[4] natura dedit (beide Tiere galten als sehr langlebig); hominibus, quorum id maxime interest, brevem vitam dedit."

D Unterscheide:
1. Inter colles lacus parvus inter-est.
2. Cur amicus tuus convivio non interest?
3. Quid interest inter prudentiam et sapientiam?
4. Vultu an[5] natura sapiens sis, multum interest.

---

1) levitās, -ātis *Leichtsinn* 2) cervus, -ī *Hirsch* 3) cornīx, -īcis *Krähe* 4) diuturnus,a,um *lang(dauernd)* 5) an *oder*

89 Genitiv und Dativ bei Adjektiven

A 1. Gallos semper rerum novarum cupidos esse Caesar tradit. 2. Multi Romani linguae Graecae periti erant. 3. Omnium rerum peritus nemo esse potest. 4. Quidam homines ignari rerum sunt. 5. Socrates se inscium esse omnium rerum dicere solebat. 6. Fama erat Caesarem Catilinae coniurationis conscium fuisse. 7. Conscia mens recti famae mendacia[1] ridet. 8. Boni memores sunt beneficiorum, im-memores iniuriarum. 9. Hominem solum rationis et orationis participem esse constat, cetera animalia expertia. 10. Quam saepe expertes sumus consilii! 11. Saepe expers consilii is est, qui inscius legum est.

B 1. Multi canes amantissimi hominum sunt.
2. Socrates non solum omnium sapientissimus, sed etiam laboris patientissimus patriaeque amantissimus erat.
3. Omnes homines veritatis[2] diligentes esse debent.
4. Qui neglegentes officiorum fugientesque sunt laborum, et sibi et civitati nocent.
5. Scriptores Graeci et Latini multos viros patriae amantissimos gloriaeque appetentes descripserunt[3].

C 1. Omni aetati mors communis est.
2. Amicorum omnia communia sunt.
3. Helvetii exercitui Romanorum pares esse non potuerunt.
4. Noxae[4] poena par esto[5]!
5. Canis lupo non dissimilis est.
6. Veri simile est amicos brevi ad nos venturos esse.
7. Dissimiles cunctis vox, vultus, vita, voluntas.

D 1. Primus anni mensis Iani dei sacer erat.
2. Laurea[6] Apollinis sacra putabatur, oliva[7] Minervae.
3. Quorum deorum Capitolium sacrum erat?
4. Quae virtutes principis viri propriae sunt?
5. Virtus abstinentiae[8] Aristidis propria fuit.
6. Hominis propria est conscientia[9] boni et mali.
7. Quae virtutes Romanorum veterum propriae erant, quae Graecorum?

---

1) mendācium, -ī *Lüge* 2) vēritās, -ātis *Wahrheit* 3) dēscrībere *darstellen* 4) noxa, -ae *Schaden, Schuld* 5) estō! *sie soll sein!* 6) laurea, -ae *Lorbeerbaum* 7) olīva, -ae *Ölbaum* 8) abstinentia, -ae *Uneigennützigkeit* 9) cōnscientia, -ae *Wissen, Bewußtsein*

W 84 – 89

Demosthenes (I)

Omnium oratorum Graecorum nemo clarior est quam Demosthenes ille Atheniensis. Cuius pater divitissimus fuerat. Cum ille praemature[1] esset mortuus, opes magnae filii factae sunt. Sed tutores[2] mali omnia, quae pueri erant, consumpserunt. Demosthenes igitur cum comperisset se pauperem redditum esse, non desperavit, sed: „Iam[3] meum erit", inquit, „meis ipsius viribus pecuniam mihi facere."
Studio enim eloquentiae auctoritatem se habiturum esse sperabat. Sed cum gravis[4] linguae debilisque[5] vocis esset, ad artem oratoriam[6] aptus non esse videbatur.

Demosthenes (II)

Tamen Demosthenes tam studiosus dicendi[7] tantaeque industriae erat, ut omnia naturae impedimenta[8] superaret. Iuris quoque peritissimus erat; quare a plerisque plurimi aestimabatur. Sed adversariorum metus eloquentiae eius maximus erat.
Idem non solum multas causas optime egit, sed etiam, amore patriae adductus, in contionibus saepe dixit, cum Philippus Macedonum rex, cupiditate imperii impulsus totam Graeciam potestatis suae facere studeret; in quem Demosthenes multas habuit orationes.

---

1) praemātūrus,a,um *vorzeitig* 2) tūtor, -ōris *Vormund (Pl. Vormunde/Vormünder)* 3) iam *hier: nun* 4) gravis, -e *hier: schwerfällig* 5) dēbilis, -e *schwach* 6) ōrātōrius,a,um *zu* ōrātor, -ōris 7) studiōsus dīcendī *bemüht zu reden, eifrig im Reden* 8) impedīmentum, -ī *Hindernis*

Alexander der Große (I)

Alexander, Philippi Macedonum regis filius, et corporis et ingenii virtutibus regiam ostentabat[1] naturam. Omnium enim aequalium longe erat formosissimus[2]; excellebat mira pedum celeritate eximioque[3] robore[4] atque incredibili laborum patientia. Idem summi erat ingenii, periculorum amantissimus, gloriae appetentissimus, peritissimus rei militaris. Sui quidem adeo erat impotens[5], ut iratus nihil humani, nihil sancti[6] umquam respiceret. Idem cum[7] aliorum delictorum [8] im-memor esset, vitiorum expers ipse non erat. Tamen saepenumero[9] iniuriae vel temeritatis[10] brevi tempore eum paenitebat. Hoc certe eximii[3] ingenii est; plerique enim homines, tametsi[11] alicuius delicti[8] conscii sibi sunt, in iniuria vel errore perseverant.

Alexander der Große (II)

Alexander etiam Iovis filium se appellari volebat; quod vix quidem ei crimini dari potest. Dubium enim non est, quin[12] ostentatione[13] divinae originis[14] apud gentes subiectas maiorem sibi auctoritatem attribuere[15] studuerit. Eademque (de) causa Persarum habitum et magnificentiam assumpsit[16]; nam alienorum morum institutorumque[17] imitatione[18] facilius civitates potestatis suae facere se posse sperabat.
Quis neget maximam gloriam Alexandrum sibi peperisse fortuna adiuvante, quae omnium mortalium maxime ei favebat!

---

1) ostentāre *zeigen* 2) fōrmōsus,a,um *wohlgestaltet, schön* 3) eximius,a,um *ausnehmend, außerordentlich* 4) rōbur, -oris *Stärke, Kraft* 5) impotēns, -entis *nicht mächtig* 6) sānctus,a,um *geweiht, heilig, ehrwürdig* 7) cum *hier: während* 8) dēlictum, -ī *das Vergehen* 9) saepenumerō Adv. *oft(mals)* 10) temeritās, -ātis *Unbesonnenheit* 11) tametsī *auch wenn* 12) dubium nōn est, quīn *es besteht kein Zweifel, daß* 13) ostentātiō, -ōnis *das Zeigen, das Zurschaustellen* 14) orīgō, -inis *Ursprung* 15) attribuere *zuteilen* 16) Persārum habitum et magnificentiam assūmere *prächtig wie ein Perser auftreten* 17) īnstitūtum, -ī *Einrichtung* 18) imitātiō, -ōnis *Nachahmung*

90 Zeitangaben

1. Vere floribus delectamur, messibus[1] aestate, autumno pomis, nivibus hieme.
2. Olympia[2] quinto quoque anno celebrata sunt.
3. Qua nocte Alexander natus est, eadem Dianae Ephesiae templum deflagravit[3].
4. Adventu Persarum Athenienses in summis erant periculis.
5. Imperium facile iis artibus[4] retinetur, quibus initio[5] partum est.
6. Prima luce ex urbe abiimus, rediimus hora nona.
7. Solis ortu agricola boves in agros agitat, multo die bobus iuga demit.
8. Augusti memoria / temporibus Augusti toto orbe terrarum pax erat.
9. Septem diebus ex Italia in Germaniam redibimus.
10. Biennio aut triennio[6] domus deleta reficietur.
11. In bello artes et litterae iacent, in pace efflorescunt[7].
12. In tempore ad amicos venimus.
13. Agamemno cum universa Graecia decem annis unam cepit urbem.
14. Plerique homines ter in die edere[8] consueverunt.
15. Laetus in praesens animus, quod ultra est, oderit curare.
16. Quot annos natus / nata es? Tredecim annos natus / nata sum; quartum decimum ergo aetatis annum ago.
17. Alexander Magnus mortuus est unum mensem et triginta annos natus.
18. Corpus Alexandri biennio[6] post mortem Babylone[9] in Aegyptum trans-portatum est.

---

1) messis, -is *Ernte* 2) Olympia, -ōrum *die Olympischen Spiele* 3) dēflagrāre *in Flammen aufgehen* 4) ars, artis *hier: Mittel* 5) initium, -ī *Anfang* 6) biennium / triennium *Zeitraum von zwei / drei Jahren* (*vgl.* bīduum / trīduum) 7) efflōrēscere *aufblühen* 8) edere, edō, ēdī, ēsum *essen* 9) Babylōne *von Babylon*

Lösungen zu Roma Express C II

51

A 1. Der Präsensstamm lautet *i-;* wenn aber ein Vokal folgt, erscheint *e-*. 2. Der Perfektstamm lautet *i-;* vor *-s-* wird *ii-* zu *ī-*. 3. ich gehe/dorthin, ich, laßt uns gehen, sie gehen, sie bedürfen (haben Mangel); ihr kehrt zurück, ihr lacht, ihr seid zurückgekehrt, du wirst zurückhalten, du gehst, gehen, dem Zorn/des Zornes/Zornesausbrüche, schon, so, geht, ebenso, zwischen (während), zum zweitenmal (wiederum), ich werde gehen, dort, ich bin gegangen, ihr seid gegangen, ihr seid.

B 1. *Titus:* Geh, Aulus! Vater ruft dich, im Garten zu arbeiten (*daß/damit du... arbeitest). Warum zögerst du, nach Hause zu gehen? Fürchtest du keine Strafe? (*Fürchtest du die Strafe nicht?) Geh nach Hause! 2. *Aulus:* Und du? Wohin gehst du? Wohin geht Claudia? 3. *Titus:* Reiß (*halt) dich zusammen, bester Bruder! Ich werde dir sagen, wohin wir gehen: Wir gehen auf das Marsfeld, wo Reiterspiele gefeiert werden. Viele gehen dorthin. 4. *Aulus:* Ihr geht, um Spiele anzusehen, ich muß nach Hause gehen, um zu arbeiten. Das ist, wie ich meine (*wie es meine Meinung ist), eine Ungerechtigkeit. Denn es ist nicht recht, daß ich Arbeiten auf mich nehme (*aushalte), andere aber sich dem Vergnügen hingeben. 5. *Claudia:* Und mit vollem (*bestem) Recht wirst du gehen. Denn gestern bist du auf das Marsfeld gegangen, wir aber sind zur Arbeit in den Garten gegangen. Auch heute würden wir dorthin gehen, wenn (der) Vater uns gerufen hätte. Pflicht der Kinder ist es nämlich, dem Befehl des Vaters gerne zu gehorchen. 6. *Aulus:* Groß ist die Macht des Vaters. Also werde ich in den Garten gehen, auch wenn die Worte des Vaters mir nicht gefallen. Euch aber nenne ich glücklich, weil es euch erlaubt ist, auf das Marsfeld zu gehen. 7. *Claudia* (sagt° im Weggehen (*weggehend) zu Titus): Gehen wir (*laß uns gehen), Titus! Es ist nicht erlaubt, Leute, die zur Arbeit gehen, aufzuhalten. *Titus:* Geh zur Arbeit, Aulus! Wenn wir zurückkommen (*zurückgekommen sein werden), werden wir dir erzählen, was wir gesehen haben. Leb wohl!

C 1. Quo itis? – Nataturi sumus. Ite nobiscum! Etiam amici nostri ad lacum eunt. – Etiam nos (Nos quoque) eo ibimus, sed antea (antea autem) avunculum nostrum adibimus. – Orate eum, ut vobiscum eat. 2. Tarde feriae appropinquant, cito (celeriter) abeunt. 3. Romani nobiles aestate ex urbe abibant. 4. Autumno aves in regiones calidiores abeunt.

D *praetor:* derjenige, der (dem Heer) vorangeht; *seditio:* das Auseinandergehen des Volkes (im Streit), der Aufstand; *reditus:* das Zurückkommen.

52

A 1. fleverunt, caruerunt, urserunt, auxerunt, iusserunt.
2. auf Befehl, die Beauftragten/des Beauftragten; sie lachen [Konj. Präs.], sie kehren zurück [Konj. Präs.], lache, kehre zurück, ich habe gelacht / verlacht [PPP: Gen. Sg. Mask./Neutr., Nom. Pl. Mask.]; fließe, bleibe/in der Frühe, mit der Hand, ich fließe, ich übergebe (trage auf), ich bleibe, ich (er)mahne; ich habe geleuchtet, leuchte/mit dem Licht; ich habe bedrängt, der Stadt; halte ab/mit einer Burg [Abl.], brenne (glühe), durch Kunst, vermehre.

B 1. Nachdem Kadmus frohen Mutes (mit frohem Herzen) den Tempel des Apoll verlassen hatte (aus dem Tempel ... herausgegangen war), sah er eine Kuh durch das Tal ziehen (sah er eine durch das Tal ziehende Kuh). 2. Mit lauter Stimme rief er aus: „Diese Kuh wird uns in unserer Verzweiflung (uns Verzweifelnden) neue Wohnsitze zeigen." 3. Nach einer langen Wegstrecke (*Weg, Marsch) ruhte sich das Tier aus (*... gab sich das Tier der Ruhe). 4. Sogleich befahl Kadmus einigen Dienern, aus Quellen Wasser herbeizubringen.

5. Als diese einen finsteren Wald betraten, hob ein ungeheuerer Drache sein Haupt (oder: ein Drache sein riesiges Haupt) und wandte seine leuchtenden Augen den Männern zu (*drehte... zu den Männern); diese hielt ungeheuere Furcht im° Bann° (*hielt). Sogleich tötete das Ungeheuer diese durch Biß, jene durch sein Gift. 6. Weil Kadmus nicht wußte, was seine Begleiter aufhielt (*welche Verzögerung seinen Begleitern war), kam er näher (*näherte er sich). Als er den Wald betrat und die Leichen der Gefährten (*die getöteten Körper der Gefährten) sah, schleuderte er, glühend vor Wut, ein spitzes Geschoß gegen/auf das Ungeheuer; das Eisen blieb in den Knochen stecken. 7. Minerva aber riet dem Kadmus, als er den Drachen getötet hatte, die Drachenzähne in die Erde zu säen (*... der Erde anzuvertrauen). Dieser gehorchte sogleich. 8. Zuerst kamen aus dem Ackerboden die Köpfe zum Vorschein (*erschienen...), dann die Brust, schließlich die ganzen Körper riesiger Männer. 9. Schon waren Kadmus und seine Begleiter kampfbereit; da rief einer von den Riesen aus: „Für euch ist es besser, nicht zu kämpfen (*euch des Kampfes zu enthalten)." Mit diesen Worten überredete er den Kadmus, am Kampf nicht teilzunehmen. 10. Und sogleich kämpften die Riesen, obwohl sie Brüder waren, untereinander; der eine tötete den anderen mit dem Schwert oder Geschoß (*der andere tötete den anderen...). Schließlich blieben nur wenige übrig. Auf Befehl der Minerva legten sie die Waffen nieder und blieben in fester (*zuverlässiger) Freundschaft. 10. Diese hatte Kadmus als Gefährten, solange er die von Apollo befohlene Stadt baute.

C 1. Quamquam hostes Romanos urgebant, duces plebi persuaserunt, ut ex urbe abiret. 2. Menenius iussus est plebem ira ardentem placare. 3. Quamquam plebeii consilia patrum primo riserant, verbis Menenii aures dederunt. 4. Oratio eius tam gravis erat, ut plebeii non iam in ira permanerent, sed in urbem redirent.

53

A 1. delevit – eguit – arsit – favit – pependit. 2. a) saluti publicae, Athenienses spe carentes b) res futuras, civibus c) omnibus d) ei, omni iniuria e) Themistocli.

B 1. Nachdem Prometheus die Menschen aus Wasser und Erde geformt hatte, bemühte er sich darum°, daß sie die zum Leben(sunterhalt) notwendigen Dinge hatten (daß sie die... Dinge nicht entbehrten). 2. Wie ein Vater sorgte er für ihr (deren) Wohl und lehrte sie verschiedene Künste. 3. Obwohl die Götter, vor allem Minerva, ihm zugetan waren, beneidete der Vater des Menschengeschlechts Jupiter, den Vater der Götter um seine Herrschaft (beneidete der Vater des Menschengeschlechts die Herrschaft des Jupiters, des ...). Von Stolz erregt, hatte er vor, die Weisheit des Jupiter auf die Probe zu stellen (prüfen). 4. Nachdem er einen Stier getötet und auseinandergeschnitten hatte, machte er zwei Haufen und bedeckte sie° mit der Haut: einen kleineren Haufen, der das Fleisch enthielt, einen größeren, der die Knochen enthielt°. 5. Dann redete er Jupiter so an: „Du hast die Wahl, Bester, Größter (dein ist die Wahl...)." 6. Obwohl dieser erkannt (gesehen) hatte, was Prometheus im Sinne hatte, wählte (wünschte) er sich den größeren Teil und sagte, von Zorn erregt: „Du hast dich nicht gescheut (gehütet), den Vater der Götter zu betrügen. Es wäre aber besser gewesen, meine Macht zu fürchten, ich kann nämlich deine Menschen vertilgen." 7. Prometheus antwortete nichts und ging lachend weg. 8. Und in der Tat befahl Jupiter, um Prometheus zu bestrafen, daß den Menschen das Feuer vorenthalten werde (verweigert werde). 9. Prometheus aber, weder durch die Drohungen noch durch die Strafe Jupiters eingeschüchtert (bewegt), ermahnte die Seinen: „Was seid ihr denn in

Furcht? Durch Jupiters Worte lasse ich mich nicht einschüchtern (... werde ich nicht bewegt). Es ist nämlich besser in Freiheit zu leben (sein) als Jupiter zu gehorchen.

C 1. Sapiens quidam, cum rogatus esset, quid in homine et optimum et pessimum esset, respondit: „Lingua." 2. Augustus poetis semper favebat. Libenter ex ore eorum pendebat. 3. Clade Vari commotus (permotus) Romanos vetuit fines imperii prolatare. 4. Itaque duces legionum caverunt, ne nationes (gentes) exteras domarent (pacarent).

54

A Zweiunddreißig Stunden; zweihundertdreiundzwanzig Tage, siebenundsiebzig Jahre; sechshundertsechsundsechzig Jungen; mit neunundzwanzig Mädchen; mit achthundertachtzig Soldaten.

B 1. Als Pelias, der König von Thessalien, fast fünfzig Jahre alt, sich an das Orakel wandte (das Orakel aufsuchte), wurde ihm geantwortet: „Hüte dich vor dem Mann, der nur° einen Schuh anhat (*vor dem nur° an einem Fuß beschuhten Mann)!" 2. Zwölf Jahre lang hatte diese Gefahr ihn bedroht (*ihm gedroht); daher hatte er Tag und Nacht [eigentl. Pl.!] nachgedacht, wie er Schaden von sich fernhalten könne°. – 3. Im dreizehnten Jahr nach dem Orakel kam Jason nach Thessalien (*... eilte), um sich die Königsherrschaft seines Vaters anzueignen (*erwerben). 4. Als er einen Fluß überschreiten wollte, redete ihn, der in Eile war (den Eilenden), eine Frau, die am Flußufer saß, plötzlich so an: „Nicht zwei oder drei junge Leute habe ich gebeten, mich hinüberzubringen, sondern zwanzig oder dreißig; niemanden konnte° ich mit meiner Bitte [eigentl. Pl.!] dazu° bewegen. Du aber hilf mir!" Von diesen Worten bewegt, gehorchte Jason der Bitte [eigentl. Pl!] der Frau. 6. Als er aber den Fluß überschritt, blieb ein Schuh (der eine Schuh) im Sand stekken. Nur mit einem Schuh eilte Jason weiter (*davon). – 7. Als Pelias opferte, sah er, wie sich Jason, der nur an einem Fuß einen Schuh trug (*an einem Fuß beschuht), näherte. 8. Als Jason die Herschaft forderte (*dem die Herrschaft fordernden Jason), antwortete er ihm: „Wenn du das goldene Widderfell dem König der Kolcher entreißt (*entrissen haben wirst), wirst du die Königsherrschaft (das Reich) besitzen." 9. Sogleich rief Jason tapfere Männer zusammen: zweihundert oder dreihundert folgten (gehorchten) Jason. Bald schlugen fünfzig Ruder das Meer.

C 1. Auf die Frage seiner Freunde (den fragenden Freunden): „Wie groß ist die Zahl deiner Schüler?" antwortete der Philosoph Pythagoras: „Die Hälfte (der halbe Teil) widmet sich der Mathematik, ein Viertel (der vierte Teil) diskutiert über die Welt (über die Natur der Dinge), ein Sechstel (der sechste Teil) aber bemüht sich zu schweigen. Und dazu nehmen sechs Mädchen an meinen Vorlesungen (*Schulen) teil." 2. Nicht zweimal gegen dasselbe (ergänze: Verbrechen mit Bestrafung vorgehen)! Für ein Vergehen darf man also nur einmal bestraft werden.

55

A 2.

lauda-t	laude-t	lauda-ns
dele-t	dele-a-t	dele-ns
audi-t	audi-a-t	audi-e-ns
lauda-ba-t	lauda-re-t	
dele-ba-t	dele-re-t	
audi-e-ba-t	audi-re-t	

lauda-bi-t
dele-bi-t
audi-e-t

B 1. Nach vielen Gefahren kommen die Argonauten zu den Kolchern. 2. Aeetes, dem König der Kolcher, war durch das Orakel mitgeteilt (*geantwortet) worden: „So lange wirst du Herrschaft besitzen, wie sich das goldene Fell im Heiligtum des Mars befindet (sein wird).“ 3. Um sich die Herrschaft zu erhalten, hatte der König befohlen, daß ein schrecklicher Drache das Fell bewache. 4. Weil Jason aber nicht wußte, was dem König vom Orakel mitgeteilt worden war, verlangte er das Fell. 5. Von den Worten des Gastes erschreckt, wußte Aeetes zuerst nicht, was er antworten solle. 6. Endlich sagte° er°, eine List anwendend: „Ich werde dir das Fell geben, wenn du mir folgenden Beweis deiner Tapferkeit lieferst (*wenn du mir folgendes Beispiel... gewährt haben wirst): Du wirst die wütenden Stiere des Mars bändigen, Drachenzähne säen (*dem Acker Drachenzähne als° Samen anvertrauen) und die aus den Zähnen entstandenen Riesen (und die riesigen Männer, die aus... entstanden sind) im Kampf töten.“ 7. Da aber Juno wußte, in welch großer Gefahr Jason sich befand (* war), bat sie Venus, daß sie Medea, die Tochter des Königs, in (*mit) Liebe entflamme. 8. Und sogleich sagte° das Mädchen: „Ich weiß nicht, was ich fühle. Warum fürchte ich, daß der zugrunde geht, den ich eben erst° gesehen habe? Warum wünsche ich, daß er die Aufträge meines Vaters erfolgreich (*gut) zu Ende bringt (beendet)? Niemandem kann ich mitteilen (*(er)öffnen), was ich fühle.“ 9. Als das Mädchen, von Sorgen gequält, in den heiligen Hain kam, sah sie Jason und sagte: „Ich weiß, warum du traurig bist. Sei guten Mutes (zuversichtlich)! Ich werde dir dienen; durch meine Fertigkeiten (Künste) wirst du sicher sein (*geschützt werden).“ 10. Sogleich gibt sie dem jungen Mann verzauberte Kräuter und unterrichtet ihn über deren° Anwendung (*Gebrauch).

C 1. Cum avunculus narrat, liberi tacent et audiunt. 2. Fabulas tam miras narrat, ut omnes (cuncti) libenter taceant et audiant. 3. Nullius hominis sapientia tanta est, ut omnia sciat. 4. Causas multarum rerum nescimus. 5. Si res futuras sciremus, beati non essemus. 6. Nemo duobus dominis servire potest. 7. Omnes (cuncti) cives optant, ut seditio quam celerrime finiatur. 8. Romani cum lugebant, caput toga operiebant. 9. In bello Romani templum Iani aperiebant.

D 1. Zaubersprüche waren in Gedichtform abgefaßt und wurden häufig gesungen. Charme bedeutet eigentlich ‚Zauber‘. 2. a) Quando ludos spectavistis? Quot cives parati erant miseros adiuvare? Cur Romani libenter in Campum Martium ibant? Quomodo Augustus populum delectare studuit? b) Ignoro, quando ludos spectaveritis. Ich weiß nicht, wann ihr Spiele angeschaut habt. Ignoro, quot cives parati fuerint miseros adiuvare. Ich weiß nicht, wie viele Bürger bereit gewesen sind, den Armen zu helfen. Ignoro, cur Romani libenter in Campum Martium ierint. Ich weiß nicht, warum die Römer gerne aufs Marsfeld gegangen sind. Ignoro, quomodo Augustus populum delectare studuerit. Ich weiß nicht, wie Augustus das Volk unterhalten wollte (*... sich bemüht hat, das Volk zu erfreuen).

56

A 1. aperueris, sensisset, invenissetis, vinxisse, venerunt, reppereram, sanxerimus, hausisti, desiluerit, operuerit, perveneramus, sciverunt. 2. *apparuisse:* erschienen zu sein, *aperuisse:* geöffnet zu haben, *operuisse:* bedeckt zu haben, *comperisse:* erfahren zu haben, *comparavisse:* verglichen zu haben.

B 1. Am Morgen kam eine große Menschenmenge auf dem Feld des Mars [im Lateinischen steht hier *in* mit *Akk.*!] zusammen, um Jasons Tüchtigkeit zu sehen. 2. Siehe, da standen° wütende und feuerschnaubende Stiere! Dennoch pflügte Jason, weder von Furcht noch von Schrecken bedrängt, das Feld. 3. Obwohl Gräser und Bäume in Flammen standen, spürte Jason, weil er durch Medeas Zauber geschützt war (von Medeas Künsten geschützt), die Flammen (*die Feuer) nicht. 4. Alle waren sich einig (*stimmten überein): „Durch die Hilfe der Götter wird er geschützt." Während seine Begleiter ihn mit Geschrei anfeuerten (*mit Schreien [Pl.] seinen Mut vermehren [Präs.]), säte Jason die Drachenzähne in die Erde (*übergab. . .der Erde). 5. Sogleich brachte die Erde in wunderbarer Weise bewaffnete Leiber hervor. 6. Sobald (*wie) aber Medea das Geschrei der Riesen hörte, erfand sie einen neuen Trick (*Kunststück). Auf ihren Befehl warf Jason einen Stein mitten° unter sie, jene aber wüteten gegeneinander (*untereinander wütend) und° töteten einander (*töteten einer den anderen). 7. Nun blieb nur noch, den Drachen mit Gift einzuschläfern (*nun blieb nichts anderes übrig, außer daß der Drache mit Gift eingeschläfert wurde). 8. Als der das Gift zu sich genommen (*aufgesogen) hatte und eingeschläfert war, raubte Jason das Fell und kehrte mit Medea in seine Heimat zurück. 9. So wurde Jason durch Medeas Zauberkünste gerettet (*So fand. . . seine Rettung). Zu spät wurde alles (*die Sache) aufgedeckt, zu spät erfuhr König Aeetes, mit welcher List er hereingelegt worden war (*bedrängt worden war). 10. „Ich bin mit Schmach (Schande) bedeckt", sagte er, „weil ich jetzt meine Tochter verloren habe, bald aber° auch meine Herrschaft verlieren° werde° (*weil ich. . . meiner Tochter beraubt bin. . .)."

C 1. De patria Homeri iam veteres dissenserunt. 2. Spartiatae urbem diu moenibus non saepserunt; nam urbs, ut putabant, virtute civium satis munita erat. 3. Lycurgus lege sanxerat, ne cives e patria migrarent. 4. Socrates philosophus venenum aequo animo hausit. 5. Multi Graeci undique convenerunt, ut ludis interessent. 6. Coniuratio Catilinae a Cicerone aperta est.

57

A 1. a) Die Römer wählten tüchtige Männer zu Konsuln. b) Viele hielten die Römer für streng (ernst). c) Wer nannte den römischen Senat eine Versammlung von Königen? – a) A(b) Romanis viri boni consules creabantur. b) A(b) multis Romani severi putabantur (iudicabantur). d) A quo senatus Romanus concilium regum nominatus (appellatus) est? 2. a) Den Worten eines treuen Freundes zu gehorchen ist gut (Subjektsinfinitiv). b) Sklaven war es nicht erlaubt, aus dem Haus zu gehen (Subjektsinfinitiv). c) Alle Bürger mußten den Vorschriften der Beamten gehorchen (Objektsinfinitiv). d) Wie (sehr) sehne ich mich, die Stadt Rom zu sehen (Objektsinfinitiv). e) Medea zögerte nicht, die Töchter des Pelias zu überreden, den Vater zu töten (Objektsinfinitiv).

B 1. Nach seiner Rückkehr dachte Jason bei (*mit) sich, wie er König Pelias töten könne°. 2. An die Zauberkünste seiner Gattin denkend, sagte er: „Das Fell zu rauben war eine sehr schwierige Aufgabe. Es freut mich, liebe Gattin, durch deinen Rat alles gut zu Ende gebracht (*beendet) zu haben. 3. Ich schulde dir Dank. Was bringen deine Zaubersprüche und deine Zaubermittel nicht alles° fertig (*was. . . können / *vermögen deine Zaubersprüche und Gifte nicht)? Viele halten dich für eine Giftmischerin, einige für eine Göttin. 4. Mit deiner Hilfe werde ich auch das, was ich nun im Sinn habe, erreichen; es ist nämlich besser zu herrschen als zu dienen. Wir müssen aber tapfer sein. Hilf mir!" 5. Und jene wies Jasons Bitten nicht zurück. 6. Als sie zu Pelias Töchtern gekommen war, sagte sie: »Eueren Vater werde ich in einen Jüngling verwandeln. Ich kenne mich nämlich in solchen Künsten aus (*ich bin nicht unwissend in...). Um euer Vertrauen zu stärken (*vermehren), werde ich einen alten Widder in ein schönes Lamm verwandeln." 7. Das Tier wird herbeigebracht und getötet; das Tier und die Zaubermittel (*Gifte) werden in einem großen Gefäß zusammengetan (*gemischt): Schon hört man eine zarte Stimme (*... wird eine ... Stimme gehört), schon springt ein Lamm heraus. 8. Obwohl die Töchter des Königs Medea für eine Göttin halten, zögern sie, ihren Worten Glauben zu schenken (*zu ihren Worten Vertrauen zu haben). 9. Daher sagt° Medea: „Was zögert ihr? Laßt das alte Blut des Vaters aus° den° Adern° heraus (*schöpft...), damit ich die Adern mit neuem Blut anfülle. In eueren Händen liegt das Leben und das Alter eueres Vaters." 10. Von solchen Worten bewegt, töteten die Töchter den Greis; Medea aber hielt (*leistete) ihre Versprechen nicht. Auf diese Weise erwarb sich Jason die Herrschaft.

C 1. Senatores a Romanis patres nominabantur (vocabantur, appellabantur). Romani senatores patres nominabant. 2. Multi divites beatos putant; Socrates autem bonos beatos, malos (improbos) miseros putabat. 3. Romani quotannis binos cives consules creabant. A Romanis quotannis bini cives consules creabantur. 4. Graeci Romanos multas artes docuerunt. 5. Honeste pauperem esse melius est (praestat) quam iniuste divitem. 6. Summae divitiae sunt divitiis non studere.

58

A 1. *Präs. Akt.:* inflammare, miscere, munire; *Perf. Akt.:* inflammavisse, miscuisse, munivisse. *Präs. Pass.:* inflammari, misceri, muniri; *Pef. Pass.:* inflammatum esse, mixtum esse, munitum esse. 2. a) Scimus tyrannos crudeles esse. b) Audivimus etiam Dionysium, tyrannum Syracusarum, crudelem fuisse. c) Omnes sciunt Moerum studuisse Dionysium necare. d) Quis nescit Moerum captatum et vinctum esse?

B 1. Nach diesem Verbrechen urteilten viele, daß Medea grausam sei. 2. Kein Wunder (*es ist nicht sonderbar), wenn Medea fühlte, daß Gefahr droht. 3. Schon wird dem Jason gemeldet, daß ihm selbst und seiner Gattin nach dem Leben getrachtet werde (*Anschläge bereitet würden). 4. Schließlich fordern die Bürger von ihm, daß er die Herrschaft einem anderen übergebe. Endlich eilte Jason mit Medea und seinen zwei Söhnen, den von Tag zu Tag ungestümer (*mehr) drängenden Bürgern gehorchend, nach Korinth. 5. Weil sie dort ein äußerst elendes Leben führten (*ertrugen), bedauerten die Korinther, daß Jason, ein schöner und tapferer Mensch, eine wilde und grausame Frau habe und durch ihre (deren) Grausamkeit weit von der Heimat entfernt sei. 6. Von Mitgleid bewegt, hatte der König der Korinther im Sinn, seine Tochter dem jungen Mann zur Frau zu geben. 7. Medea aber sagte, von Sorgen verwirrt: „Sei mir treu, bester Gemahl! 8. Es ist klar, daß du nur durch meine Zauberkünste (*auf keine andere Art und Weise, wenn nicht durch...) die Gefahren bestanden (*ausgehalten) und deine Feinde besiegt hast." 9. Jason antwortete, von den Tränen und Bitten der Gattin bewegt, daß er ihr immer treu gewesen sei und immer treu sein werde. 10. Aber obwohl der Ehemann eine derartige Antwort gegeben hatte (solches geantwortet hatte), wurde Medea von Sorgen gequält; sie fürchtete nämlich, daß Jason den Worten des Königs folgen könne°.

C 1. Scimus leones non facile domari. 2. Quis nescit lignum levius esse quam aquam? 3. Veteres putabant solem circum (circa) terram moveri. 4. Thales philosophus sibi persuaserat aquam principium omnium rerum esse. 5. Audivimus Carthaginem et Corinthum eodem anno a Romanis deletas esse (Städtenamen sind weiblich!).

D 1. *ut*-Satz: abhängiger Begehrsatz; Aci: abhängige Aussage.
2. – Du hier? Ich habe gehört, daß du tot bist.
– Was sagst du? Du siehst, daß ich lebe.
– Aber jener, der mir erzählt hat, daß du tot bist, ist glaubwürdiger als du.

59

A 1. domare, domari, domuisse, domitum esse, domiturum esse; movere, moveri, movisse, motum esse, moturum esse; vincire, vinciri, vinxisse, vinctum esse, vincturum esse. 2. a) sibi b) eum c) se d) eos e) se, eos f) eam g) eum. 3. a) paraturum esse b) venturum esse, delectaturum esse c) donatum esse d) portaturum esse e) raptavisse, praecipitavisse f) servatum esse, pervenisse g) punitos esse h) vitaturos esse.

B 1. Und in der Tat überredete der korinthische König Jason, Frau und Kinder zu verstoßen (*verschmähen). 2. Als der König schwor, daß er ihm auch die Königsherrschaft geben werde, war Jason zur Hochzeit bereit. 3. Als Medea sah, daß zur Hochzeit gerüstet werde (*daß die Hochzeit bereitet werde) und sie verstoßen sei, rief sie laut: „Wie unglücklich bin ich! Vergebens habe ich gehofft, daß du mir treu sein wirst und für meine Hilfe danken wirst. Nun weiß ich, daß ich unglücklich sein und über den weiten Erdkreis irren werde." 4. Aus Zorn (*von Zorn bewegt) schwor sie, daß sie des Königs und Jasons Familie vernichten werde. 5. Sogleich verfertigte (*machte) sie einen Kranz aus Giftkräutern (*Giften) und befahl, daß er der Königstochter gegeben werde. Und als sie (diese) das Geschenk berührte, verbrannte sie. 6. Sobald (*wie) Medea den Königspalast (*das königliche Haus) brennen sah, suchte sie das Schlafzimmer ihrer Söhne auf. 7. Als sie die schlafenden Knaben sah, sagte sie unter (*mit) vielen Tränen: 8. „Um jenen feigen Jason zu bestrafen, werde ich dessen Kinder töten. Was zögere ich? Auch wenn alle glauben, daß ich grausam bin, ich kann ihn nur durch den Tod seiner Kinder vernichten (*ich kann ihn auf keine andere Weise, wenn nicht durch...)." 9. Sie dachte bei (*mit) sich: „Welches Leben wird ihnen bleiben? Es ist klar, daß sie ohne die Sorge der Mutter durch Unglück und Not zugrunde gehen werden." 10. Dann tötete sie die Söhne und flog durch die Lüfte [eigentl. Sg.!] von dannen (davon).

C 1. Quis nescit Regulum consulem a Carthaginiensibus superatum esse? 2. Audivimus eum captivum fuisse. 3. Carthaginienses (Stellung bei gemeinsamem Subjekt!), quod sperabant eum sibi pacem opportunam paraturum esse, eum oraverunt, ut Romam navigaret. 4. Antea iuravit se ad eos rediturum (remeaturum) esse, nisi eis pacem paravisset. 5. Regulus, cum advenisset, senatoribus (patribus) suasit, ut Carthaginiensibus pacem negarent. 6. Tum negavit se in urbe Roma mansurum esse. 7. Scimus eum post reditum a Carthaginiensibus necatum esse.

D 1. Satz 2: se → rex, ei → Iason; Satz 3: se → Medea; Satz 4: se → Medea; Satz 5: ea → Medea; Satz 8: eius → Iason, eum → Iason; Satz 9: secum → Medea, eis → liberi.
2. Die Regel lautet: **Gemeinsames** Subjekt von Nebensatz und Hauptsatz tritt vor die Konjunktion des Nebensatzes.
Gemeinsames Subjekt: Satz 5: Ac **ea**, cum; Satz 6: **Medea** ut;
Verschiedenes Subjekt: Satz 8: Etiamsi **omnes** dicunt..., **possum**.
3. Silbenrätsel: 1. Hector 2. odium 3. Nioba 4. oratione 5. Sicilia 6. Hercules 7. Augustus 8. Bacchus 9. elephantus 10. Tiberis 11. otium 12. nauta 13. Ulixes 14. sacrificium. Sentenz: honos habet onus.

4. Als ein Schiff von einem schweren Sturm hin und hergeworfen wurde, betete ein böser Mensch mit lauter Stimme: „Helft uns, beste Götter!“ Sogleich sagte der Kapitän: „Schweig! Wenn die Götter sehen, daß du hier bist, ist es um uns geschehen.“

60

A 1. quaer-u-nt quaer-e-ba-m
quaer-u-ntur quaer-e-ba-r
quaer-e-ns

quaer-a-m, quaer-e-s
quaer-a-r, quaer-e-ris

2. Erstrebe, erstrebt zu werden, ich erstrebe; sie reiben, sie reiben [Konj. Präs.], sie werden reiben, dem Reibenden [Part. Präs.]; verschmähen, ich würde verschmähen, ich würde verschmäht, du würdest verschmähen. 3. Du liest (liest aus), du lesest [Konj. Präs.], du wirst lesen / die Gesetze [Nom./Akk.Pl.]; sie erstreben, sie gehen zugrunde, sie erstreben [Konj. Präs.], sie stehen offen; der Durst / ihr seiet [Konj. Präs.], ihr laßt (laßt zu), des Gestirns; du wirst verschmähen, du hoffest [Konj. Präs.], Aussehen (Schein); er wird reiben (aufbrauchen), er erschreckt, er hält.

B 1. Beim Dichter Phaedrus lesen wir folgende Fabel: 2. Eine (die) Eule bat eine (die) Zikade inständig (*flehend), Stille zu halten; diese nämlich pflegt in der Nacht ihren Lebensunterhalt zu suchen, am Tag aber zu ruhen (*sich der Ruhe zu geben). 3. Obwohl sie gebeten wurde zu schweigen, fuhr sie fort, mit lauter Stimme zu singen. 4. Wiederum sagt die Eule: „Nur° dies eine erbitte ich von dir, daß zu schweigst. Warum erfüllst du meine Bitten nicht (*... gehorchst du meinen Bitten nicht)? Hüte dich davor°, mich in Wut zu bringen (*treiben)!“ 5. Als die Eule sah, daß sich die Zikade nicht umstimmen ließ (*daß der Sinn der Zikade durch Bitten nicht gewandt wurde), sagte sie: „Nun werde ich mein Ziel (*das, was ich erstrebe,) auf andere Weise erreichen.“ 6. Und sich zur Zikade wendend, sagt sie: „Deine Lieder lassen mich nicht schlafen. Mit Recht sagen alle, daß du so schön singst, daß du sogar (*auch) Apollo, den Gott der Lieder, mit deiner Stimme übertriffst. 8. Jetzt habe ich vor, den Nektar, den mir neulich Minerva gegeben hat (*den mir neulich von... gegebenen Nektar) zu trinken. Wenn du ihn nicht verschmähst, komm, damit wir zusammen trinken.“ 9. Weil jene (*sowohl) vor Durst glüht und (*als auch) sieht, daß ihre Stimme gelobt wird, eilt sie sofort herbei. Die Eule aber ergreift die Zikade mit dem Schnabel (*Mund) und verschlingt sie. So gab sie im Tode (*tot), was sie zu Lebzeiten verweigert hatte. 11. Die Fabel lehrt: Wer den Bitten eines anderen nicht nachgibt, muß meistens Strafe erleiden (*geben) für seinen Hochmut.

C 1. Lege hos libros! Liberi boni hos libros numquam spernent. 2. Carmina Homeri animos legentium semper delectabunt. 3. Hannibal milites desperantes sic (ita) excitavit: „Este animo bono! (Ego) vos in regiones frugiferas Italiae ducam.“ Tum milites, quia (quod) optabant, ut in Italiam ducerentur, clamaverunt: „Duc nos in illas regiones! Nam nobis gratum est a te duci.“ 4. Plato philosophus postulat, ut res publica a viris quam sapientissimis et iustissimis regatur. 5. Quid quaeritis, amici? Cur ex nobis non quaeritis, ubi libri sint?

D 1. eruditis et regitis, erudiris et regeris, erudiamini et regamini, erudiuntur et reguntur, erudire et regere, erudiri et regi, erudiens et regens, erudientes et regentes.

2. Wir fürchten, daß die Vorschriften schlechter Herrn ungerecht sind. Hütet euch davor, ungerechten Herren zu gehorchen. Die Gliedsätze drücken eigentlich den Wunsch aus, daß etwas nicht sein bzw. nicht geschehen soll. Also: Die Vorschriften sollen nicht ungerecht sein! Gehorcht nie ungerechten Herren! Daher steht im abhängigen Gliedsatz *ne*.
3. Einst ging der Philosoph Diogenes am Tage durch die Straßen Athens, in (*mit) der Hand eine große Laterne (haltend). Als er von den Bürgern gefragt wurde, was er suche, antwortete er: „Ich suche einen Menschen!"
Damit wollte der Philosoph zum Ausdruck bringen, daß unter der großen Menschenmasse sich kein wahrer Mensch befand.
4. Im Gasthaus:
Gast: Bist du gewohnt, das Geld sogleich von den Gästen zu fordern?
Wirt: Nicht von allen, sondern nur° von denen, die Pilze wählen (*speisen).

61

A 1. Sie sehen – sie verschmähen – sie breiten hin; du holst herbei – du ergreifst – du reizt (forderst heraus). 2. *tenēre* halten – *terrēre* erschrecken – *terere* reiben; *desiderare* ersehnen (vermissen) – *desilire* herabspringen – *desinere* aufhören (ablassen). 3. Ohne / laß, sei es daß; du suchst (fragst), die Ruhe; du verschmähst [Konj. Präs.], du hoffst; dir, ich habe gerieben, drei [Gen.]; mit dem Fuß, erstrebe, Fußsoldat/Füße [Nom./Akk. Pl.], du wirst erstreben, schwebe; abgehalten zu werden, herbeigeholt zu werden, dem Bogen/ich habe abgehalten.

B 1. Gyges, ein tapferer und kluger Mann, weidete das Vieh des Lyderkönigs. 2. Einmal sah er einen Erdspalt, in dem (*wo) sich ein ehernes Pferd befand (*drinnen war). Sogleich sprang er hinab. 3. Während er die wunderbare Statue betrachtet, sieht er, daß sich an deren Seite eine Tür befindet (*ist). Und er zögert nicht, sie zu öffnen. 4. Großer Schrecken hält den noch° ziemlich jungen Hirten in Bann°. Vor seinen Augen liegt (*ist) der Körper eines toten Menschen von ungeheuerer Größe. An dessen Finger steckt (*ist) ein goldener Ring. 5. Von Habgier bewegt, zieht ihn Gyges von der Hand des Toten und steckt ihn selbst an. Dann geht er zu den übrigen Hirten zurück. 6. Als er dort den Ring ganz° zufällig gedreht (*bewegt) hatte, wurde er plötzlich von den Hirten nicht mehr gesehen, er selbst aber sah sie. Er wurde aber wieder° gesehen, nachdem er den Ring an die frühere Stelle zurückgedreht (zurückbewegt) hatte. 7. Damals beschloß Gyges, den Hirtendienst aufzugeben (*mit der [eigentl. Akk.] Aufgabe des Hirten aufzuhören). Er sagte bei (*mit) sich: 8. Warum soll ich mich mit Arbeiten abquälen (*mich in Arbeiten aufbrauchen)? Warum soll ich in (*mit) aufgebrauchter Kleidung einhergehen? Ich werde mir höchste (*größte) Ehren erwerben (*suchen). 9. Und er hörte nicht auf zu suchen, wie er sich die Herrschaft verschaffen könne°. Schließlich scheute (*verschmähte) er weder List noch Verbrechen, um dies zu bekommen (*ergreifen), was er erstrebte. 10. Mit Hilfe des Ringes gewann er die Gattin des Königs für sich und tötete den König Kandaules mit dem Schwert (*streckte mit dem Eisen nieder).

C 1. Penelopa, uxor Ulixis, numquam desiit marito (suo) fidem servare, quamquam multi iuvenes nobiles eam conveniebant et reginam pulchram petebant. 2. Ea autem (Sed ea) procos sprevit dicens se Ulixi fidem servaturam esse. 3. Tamen proci manserunt neque desierunt reginam urgere. 4. Nemo eos a regina prohibere potuit. 5. Tandem a Penelopa petiverunt, ut decerneret, quem ceteris anteponeret. 6. Sed Penelopa quaerebat, quomodo periculum instans vitaret.

62

A 1. Dem Hals, ich bebaue (pflege, ehre), ich stelle auf; ich habe genährt (gefördert), genährt (gefördert) [PPP] / hoch (tief) [Nom. Pl. Mask./Gen. Sg. Mask. oder Neutr.], die anderen, fremd (abgeneigt) [Nom. Pl. Mask./Gen. Sg. Mask. oder Neutr.], dem anderen/andere, genährt zu werden, nähre; Konsul [Abl. Sg.] / befrage (berate, sorge), dem Konsul/befragt zu werden, ich habe befragt, Beschlüsse; ich reihe aneinander/(zu)spät, dem Sklaven/ich bewahre (rette), reihe aneinander, aneinandergereiht zu werden; zittere, reibe. 2. a) Dieses Buch habe ich viele Stunden gesucht. b) Meinen Freund habe ich gefragt, aber er wußte nicht, wo das Buch ist. c) Zuletzt habe ich meinen Vater gefragt. d) Weil der Redner die Zukunft richtig vorhersah, sorgte er für das Wohlergehen der Bürgerschaft (des Staates).

B 1. Wer weiß nicht, daß aus Habgier und Herrschsucht (*Begierde nach Macht) die größten Verbrechen entstehen (*erzeugt werden)? 2. Nach dem Tod des Vaters herrschte (hatte Dido . . . die Herrschaft inne) Dido mit ihrem Bruder Pygmalion. 3. Bald aber überredete Pygmalion aus Herrschsucht (von Herrschsucht veranlaßt), die Bürger, Dido im Stich zu lassen und ihm allein die Herrschaft zu übergeben. 4. Bald darauf beschloß Dido, Sychaeus zu heiraten, einen Mann, der alle an Reichtum übertraf. 5. Weil ihn aber der König um seinen Reichtum beneidete (*. . . dessen Reichtum beneidete), tötete er den Schwager auf hinterhältige Weise (*durch Hinterhalt). Dennoch fand er dessen Gold nicht; denn Dido allein wußte, wo es versteckt (*niedergelegt) war. 6. Jene überlegte (*wälzte im Herzen, in ihrem Sinn) Tag und Nacht [eigentl. Pl.], wie sie den Anschlägen des Bruders entgehen könne° (*die Anschläge. . .meiden könne). Schließlich nahm sie sich vor (*legte sie sich vor), eine List anzuwenden. 7. Daher schrieb sie schmeichelnde Briefe an den Bruder, wobei sie ihn bat (von ihm erbittend), Schiffe zu schicken, auf denen sie ihren Reichtum nach Tyrus, in die Hauptstadt des Königreiches, bringen könne°. 8. Weil der König sehr große Hoffnung hegte (*nährte), daß er in Kürze das Gold der Schwester besitzen werde, befahl er sogleich, daß Schiffe geschickt würden. 9. Aber jene hatte unterdessen einige Fürsten, die die Grausamkeit des Königs fürchteten, wegen einer Flucht (über eine Flucht) befragt und ihnen ihre Pläne dargelegt. Lange hatten sie über die Gefahren gesprochen. 10. Schließlich brachten die Fürsten in der Stille der Nacht Didos Besitz (*Sachen) auf die Schiffe und segelten mit ihr (selbst) auf das hohe Meer hinaus, um sich neue Wohnsitze zu suchen. Nach wenigen Tagen gelangten sie an die Küste Afrikas, wo sie Karthago erbauten.

C 1. Dies et noctes Penelopa animo volvebat, quomodo nuptias vitaret. 2. Tandem haec nuntiavit, ut animos procorum placaret: „Constitui (decrevi) socero meo vestem texere. 3. Cum opus finivero, vobis dicam, quid constituerim.“ 4. Proci contenti erant, quod (quia) sibi persuaserant reginam sibi nuptias proposuisse. 5. Regina autem (Sed regina) conclave petivit; ibi totum diem (per totum diem) laborabat, nocte autem texta solvebat. 6. Ita (sic) proci frustra exspectaverunt.

D 1. trivial → *terere* (abgegriffen, alltäglich), Invasion → *in-vadere* (das Eindringen, der Angriff), repetieren → *repetere* (wiederholen), exquisit → *ex-quirere* [→ quaerere](ausgesucht), Sekret → *secernere* (Absonderung des Körpers), Inquisition → *in-quirere* [→ *quaerere*] (Untersuchung), Aktion → *agere* (Handlung, Tat), konsterniert → *sternere* (eigentl.: niedergesteckt; besser: betroffen).

2. Geld stinkt nicht (Vespasian). Störe meine Kreise nicht (Archimedes). Ich weiß, daß ich nichts weiß (Sokrates). Das lateinische Wort lautet ‚*vas*'.
3. ich reihe aneinander (*sero*), (*ores*) du mögest beten, du betest [Konj. Präs.]
gereiht zu werden (*seri*), (*ires*) du würdest gehen
du wirst aneinanderreihen (*seres*), (*seres*) du wirst aneinanderreihen
er wird aneinanderreihen (*seret*), (*teres*) du wirst reiben
ich würde aneinanderreihen (*sererem*), (*mereres*) du würdest verdienen
4. Der Philosoph Sokrates hatte das Fundament für ein kleines Haus (*eines kleinen Hauses) gelegt. Da kamen drei Freunde, um den Bau (*das Gebäude) zu betrachten. Als sie sahen, daß der Bau (*das Gebäude) so klein sei, fragten sie sehr verwundert (*verwirrt) den Philosphen, warum ein so großer Mann ein so kleines Haus erbaue. Er antwortete lachend: „Wenn es größer wäre, könnte es nie mit wahren Freunden gefüllt werden."

63

A 1. Produktion → producere (das Hervorbringen), Konflikt → confligere (Kampf), Protektion → protegere (Schutz, Förderung eines Menschen), fiktiv → fingere (erdichtet), instruieren → instruere (unterrichten), Manuskript → manus, scribere (mit der Hand Geschriebenes), Rektion → regere („Regierung"; z. B. ein Verb „regiert" den Dativ). 2. Gelenkt (geleitet) zu werden/dem König, ich habe gelenkt, *rectus* gerade (richtig) [Gen. Sg. Mask./Neutr., Nom. Pl. Mask.] / *rectus* geleitet [PPP: Gen. Sg. Mask./Neutr., Nom. Pl. Mask.]; sage, gesagt (gesprochen) zu werden, ich habe gesagt; leben werdend, fesseln werdend, ich habe gelebt, ich habe gefesselt, ich möge/werde leben, das Leben [Akk. Sg.], sie hatten gegürtet (umgeben), sie haben gestaltet (erdichtet).
B 1. Als Odysseus sah, daß seine Gefährten an der Rettung verzweifelten, weil Polyphem täglich zwei Gefährten verschlang, beschloß er, sich und die Seinen vor dessen Heimtücke (*Hinterhalt) zu schützen. 2. Um die Gefährten zu ermutigen, sagte er: „Die Lage hat sich nunmehr aufs äußerste zugespitzt (*die Sache ist nunmehr zum äußersten Fall gebracht worden). 3. Uns fehlen die Kräfte, um mit gezogenem Schwert mit dem Riesen zu kämpfen. Und weil der Eingang mit einem gewaltigen Felsen verschlossen ist, wollen wir uns hüten, das Ungeheuer zu töten (*auszulöschen)! 4. Auf allen Seiten von Felsen umgeben, dürfen wir uns nicht mit Waffengewalt, sondern müssen uns mit List und Überlegung unseren Weg bahnen (*bereiten). Sehen wir zu°, daß wir uns heimlich den Händen des Ungeheuers entziehen!" 5. Dann erhob sich Odysseus und sagte, wobei er einen Becher besten Weines dem Polyphem reichte (einen Becher... reichend): „Lösche deinen Durst, Kyklop!" 6. Als jener, schwer vom Wein, Odysseus fragte, wie er heiße (*wie er genannt werde), sagte Odysseus: „‚Niemand' heiße ich (*werde ich genannt). So nennen mich Eltern und Verwandte." 7. Der Kyklop merkte aber nicht, daß der Name erfunden (*erdichtet) war. 8. Dann blendeten Odysseus und seine Gefährten mit einem spitzen Pfahl den von Wein und Schlaf überwältigten (*gebändigten) Polyphem. 9. Sogleich rief jener, von heftigem Schmerz gequält, (oder: Weil jener von... gequält wurde, rief er sogleich...) die übrigen Kyklopen mit lauter Stimme herbei: „Helft mir! Niemand bereitet mir den Tod." 10. Da sagten jene: „Wenn niemand dir nach dem Leben trachtet (*Nachstellungen bereitet), brauchst du keine Hilfe." Lachend kehrten sie nach Hause zurück.
C 1. De litteris male scriptis Romani dicere solebant: „Gallina scripsit." 2. Scimus milites Romani corpora sua scutis quadratis protexisse. 3. Cum Anaxagoras philosophus comperisset filium (suum) mortuum esse, dixit: „Sciebam me mortalem genuisse." 4. Scimus

Lacedaemonios urbem suam moenibus non cinxisse. 5. Auctores Romani multas fabulas finxerunt, ut Romani exemplis virorum fortium erigerentur.

64

A 1. *ad:* heran, hinzu; *de:* weg, herab; *in:* hinein, einher; *pro:* vor (örtl.), vor (schützend), hervor; *con:* zusammen, verstärkend; *dis:* auseinander, weg; *sub:* weg, unter, von unten. 2. Verbrenne, ich verbrenne, verbrannt (zu) werden, *urbs* [Abl. Sg.], bedränge, ich habe verbrannt, verbrannt [PPP: Gen. Sg. Mask./Neutr., Nom. Pl. Mask.]; ich habe angeheftet (befestigt), ich habe gestaltet (erdichtet), ich habe gegürtet (umgeben), ich habe geschnürt (gezogen).

B 1. Wir haben erfahren, daß Polyphem den Eingang mit einem riesigen Felsen verschlossen hat. Daher hatten sich die eingeschlossenen Griechen davor° gehütet, den Kyklopen zu töten (*auszulöschen); dieser allein konnte nämlich den Felsen entfernen. 2. Odysseus hatte Tag und Nacht nachgedacht (*bedacht), wie er mit den Gefährten aus der Höhle entkommen könne°. Er hatte nämlich den Seinen, die fürchteten, ihr Leben zu verlieren, versprochen, daß er sie aus der bevorstehenden Gefahr retten werde, wenn sie seine Pläne beachteten (*nicht verachteten). 3. Schließlich suchte er aus der großen Zahl der Schafe, die in der Höhle übernachteten, die größten heraus und band je drei zusammen; unter den Schafen in der Mitte (*... den mittleren Schafen) hing je ein Grieche. 4. Das größte von allen Tieren bestimmte Odysseus für sich selbst. 5. Bei Morgengrauen (*beim ersten Licht) ging der blinde Polyphem zum Eingang und schob den Felsen weg, um die Schafe hinauszulassen. 6. Aber damit die eingeschlossenen Griechen nicht entkommen könnten, tastete jener die Rücken der Schafe mit seinen Händen ab, wobei er die Bauchseite unbeachtet ließ (*die Bäuche beiseite lassend). 7. So entkamen die Gefährten des Odysseus wohlbehalten. 8. Zuletzt, als die übrigen Schafe die Höhle verlassen hatten (*aus der Höhle weggegangen waren), näherte sich das Schaf, unter dem Odysseus hing, dem Ausgang. 9. Polyphem ließ auch dieses, nachdem er den Rücken abgetastet hatte, auf das Feld (*entließ auch dieses auf...). 10. So entkamen alle durch den Plan des Odysseus den Händen des schrecklichen Ungeheuers.

C 1. Verba docent, exempla trahunt. 2. Stultum est lupo pecudem committere. 3. Saepe certa incerta petentes amittimus. 4. Nonnulli imperatores Romani scelera atrocia commiserunt. 5. Caesar Helvetiis non permisit, ut per provinciam migrarent. 6. Cum Persae accederent, Athenienses legatos Delphos miserunt, ut deum consulerent.

65

A a) Nioba, quae b) Nioba, cui c) Ulixes, cuius dolo d) Vestam, in cuius templo e) praeceptis, quae f) parentes, quibus.

B 1. Der Schriftsteller Sueton erzählt von Domitian, der als erster von allen Kaisern forderte, daß er mit° Herr und Gott angeredet werde (*Herr ... genannt werde), ungefähr (*fast) folgendes: 2. Titus Flavius Domitianus war nicht nur gegen die Menschen grausam, sondern auch gegen die Tiere. 3. Er fing nämlich die Fliegen, die in seinem Schlafzimmer waren, und quälte die gefangenen Fliegen° zu Tode. 4. Einmal sagte ein Wächter, der neben der Tür stand (*war), zum Arzt, der fragte, ob jemand beim (*mit dem) Kaiser im Schlafzimmer sei: „Nicht einmal eine Fliege." – 5. Große (*geräumige) Bauwerke, die durch Brand zerstört worden waren, stellte er wieder her (*erneuerte er); darunter befand sich (*war) das Kapitol, das wieder (einmal) niedergebrannt war. 6. Einen neuen Tempel erbaute er auf dem Kapitol dem Beschützer Jupiter, und er° erbaute° ein neues Forum, das nun Forum des Nerva heißt (*genannt wird), ebenso den Tempel des flavischen Geschlechts [daraus stammte er] und eine Naumachie, aus deren Steinen später der Circus Maximus errichtet wurde. 7. Ruiniert (*erschöpft) durch die Aufwendungen für die Bauten und durch den Sold, den er den Soldaten gegeben hatte, versuchte er, die Zahl der Soldaten zu vermindern. Aber als er sah, daß er damit° den Barbaren preisgegeben sei, versuchte er auf jede Art den Reichen die Güter zu entreißen. 8. Nicht selten wurden die, die die übrigen an Reichtum übertrafen, unter (*mit) einem erlogenen (*erdichteten) Vorwurf verhaftet.

C 1. Domitianus, cuius dominatio crudelissima erat, Romanis imperavit, ut se deum ac dominum appellarent (nominarent, vocarent, dicerent). 2. Saepe crimina finxit, quibus ei, qui ceteros divitiis superabant (ceteris ... praestabant), in ius vocabantur. 3. Bona damnatorum publicabantur. 4. Titus, cuius mortem cuncti (omnes) fleverunt (flebant), tertio anno imperii sui decessit; sed Nero, quem omnes timebant, quattuordecim annos imperavit. 5. Quae aedificia Romae vidisti? Columna multis imaginibus ornata, quam imperator Traianus in urbe collocavit, adhuc spectari potest.

66

A a) Caesar besiegte Pompeius im Kampf (*mit einer Schlacht). Weil dieser [Pompeius] um seine Rettung bangte (*um sein Wohlergehen fürchtete), segelte er nach Ägypten. b) Als Pompeius dorthin gekommen war, wurde er vom König der Ägypter getötet. Mit dieser Tat [= Inhalt des ganzen Satzes: Ermordung des Pompeius] konnte° der König Caesar nicht für sich gewinnen (*gewann der König ...). c) Caesar nämlich begünstigte Kleopatra. Er übergab ihr die Herrschaft.

B 1. Die Sphinx, ein (*gewisses) Ungeheuer, hatte Kopf und Brust eines Mädchens, Flügel eines Vogels und den Leib (*Bauch) eines Löwen. 2. Dieses Lebewesen, das bei Theben auf einem hohen Felsen saß, brachte über die Thebaner größtes Leid (*war den Thebanern Urheber größter Leiden). Denn es pflegte den Vorübergehenden ein Rätsel vorzulegen, das es von den Musen gehört hatte. 3. Wer dies nicht lösen konnte, den stürzte sie vom Felsen, so daß er elend zugrunde ging. 4. Dies war das Rätsel: Welches Lebewesen ist am Morgen vierfüßig, am Mittag zweifüßig, am Abend dreifüßig? 5. Die Thebaner verzweifelten an der Rettung: 6. „Wenn (irgend)eine Stadt den Willen der Götter verletzt hat, wird sie mit Recht der Strafe der Unsterblichen nicht entgehen. Wir aber, die wir uns an kein Unrecht erinnern (*... keines Unrechts eingedenk sind), gehen elend zugrunde. 7. Eine uns feindliche Gottheit hat beschlossen, die Stadt auszulöschen. Wer wird uns helfen?“ 8. Sie wußten nicht, wie sie dafür sorgen sollten°, daß die Stadt keinen Schaden erleide (*... nichts des Schadens habe). Sie hofften, daß jemand komme, der sie befreien könne. 9. Schließlich verkündeten sie, daß der, welcher das Rätsel löse, König von Theben sein und die Königin Jokaste heiraten solle. 10. Bald kam Ödipus; von der Sphinx befragt, sagte er, daß dieses Lebewesen der Mensch sei. Diese Lösung wurde als richtig (*wahr) befunden. Daher stürzte sich die Sphinx voll Zorn vom Felsen und ging zugrunde.

C 1. Themistocles a patre (suo) exheredatus est. Quae ignominia eum non fregit, sed erexit. 2. Themistocles civibus suasit, ut ex (ab) urbe abirent et se navibus servarent. Qui cum consilio eius parerent, se servaverunt. 3. Themistocles classem auxit. Qua re suspicio Lacedaemoniorum mota est. 4. Illud senatus consultum notum est: Videant consules, ne quid detrimenti res publica habeat. Quo consulto summa imperii consulibus solis commissa (mandata) est.

67

A 1. Niedergeschlagen (getötet) zu werden/ich habe niedergeschlagen, ich bin niedergefallen (*untergegangen), sie töten, sie fallen nieder (*gehen unter), er tötet/er hat getötet, ich bin gefallen, er hat gefällt, gefällt [PPP: Gen. Sg. Mask./Neutr., Nom. Pl. Mask.], fallen werdend, niedergeschlagen (getötet) [PPP: Gen. Sg. Mask./Neutr., Nom. Pl. Mask.], es ereignet sich/es hat sich ereignet, sie werden fallen, sie mögen fällen. 2. tetigisti, tenueris, triveris, terruerat, texisset, tetendisse, tetigerunt, texerant, trivissem, tetenderint. 3. a) proditum est (poetae tradunt) b) conditam esse c) redde d) proditos esse e) perdunt *oder* perdiderunt.

B 1. Als der Rabe einen Käse geraubt hatte, war er auf einen hohen Baum geflogen, um ihn dort zu essen. 2. Der Fuchs, der an Hunger litt und Nahrung begehrte, sparte nicht mit schmeichlerischen Worten (*sparte nicht schmeichlerische Worte): 3. „Welch große Würde zeigst du in Gestalt und Lebensweise (*mit Körper . . .)! Ich behaupte, daß du alle Lebewesen an Schönheit (*Gestalt) übertriffst. 4. In der Tat, ich würde dich den Ersten unter den Vögeln nennen, wenn du eine schöne Stimme hättest.“ 5. Und mit unterwürfiger (*geringer) Stimme fügte er hinzu: „Auch die übrigen Lebewesen, glaube mir, würden dich zum König machen.“ 6. Mit solchen Lobreden gelang es dem Fuchs, das stolze Tier zu überreden, seine Kunst unter Beweis zu stellen (zu beweisen). 7. Sogleich schickte sich der vom Ehrgeiz getriebene Rabe (*oder:* der Rabe, vom Ehrgeiz getrieben,) an, seine Stimme erschallen zu lassen (*. . . hatte der Rabe, von der Begierde nach Ruhm getrieben, vor, seine Stimme zu äußern). 8. Aber zugleich (*zur selben Zeit) geschah es, daß der Käse aus dem geöffneten Munde (heraus)fiel; schnell packte (*ergriff) ihn der Fuchs mit seinen Zähnen. 9. Überliefert ist jenes Wort° des Phaedrus: Wer sich darüber° freut, daß er mit schmeichlerischen Worten gelobt wird, büßt schlimm (*zahlt schlimme Strafe).

C 1. Caesar cum comperisset Helvetios parare per provinciam Romanam migrare, in Italiam contendit. 2. Cum miles quidam fugam capessiturus esset, Caesar caput eius retro torsit, hostes ostendit, clamavit: „Quo contendis? Ibi sunt, quibuscum confligimus (contendimus, pugnamus).“ 3. Caesari contigit, ut uno anno duo(s) hostes e Gallia expelleret, Helvetios et Germanos. 4. Clementia Caesaris nota erat; cum post victoriam in urbem Romam redisset, adversariis suis pepercit.

D 1. a) Als der Perserkönig Athen erobert hatte, schonte er nicht einmal die Tempel. b) Die Griechen behaupteten, daß der Perserkönig mit Hilfe der Götter besiegt worden sei. c) Wir wissen, daß die Griechen sich mit aller (*höchster) Kraft bemüht haben, die Perser aus Griechenland zu vertreiben. Wer weiß nicht, daß die Griechen bei Salamis mit den Persern gekämpft haben? d) Es ist klar, daß Augustus, indem er (oder: der) die Bürgerkriege beendete (*schlichtete), dem römischen Volk den Frieden wiedergegeben hat. e) Es ist überliefert, daß er auch das Meer sicher gemacht hat. f) Schwer büßt (wird bestraft), wer sein Hab und Gut einem unzuverlässigen Freund anvertraut. 2. Claudia war einmal (*einst) vom Lehrer ernsthaft bestraft worden. Als sie heftig weinte, schickte sie der Lehrer nach Hause, wobei er ihrem (*dem) Vater nur die zwei Worte schrieb (*ihrem Vater ... schreibend): „Ich hatte eine Unglückliche geschickt.“ Unterscheide *mĭser* und *mīsī*. 3. Silbenrätsel: 1. Caesar 2. Issus 3. Varus 4. Idomeneus 5. Salamis 6. Remus

7. Orestes 8. Marius 9. Athenae 10. Nero 11. Umbria 12. Sisyphus 13. Superbus 14. Ulixes 15. Minerva. Der Lösungssatz lautet: Civis Romanus sum.

68

A 2. (Be)siege, besiegt werden/feßle, ich habe gefesselt, ich habe besiegt (gesiegt)/des Dorfes/die Dörfer, ich habe gelebt, des Weines, des Nachbarn/die Nachbarn, sie meiden [Konj. Präs.], sie werden leben, besiegen werdend/leben werdend, sie werden (be)siegen, sie werden fesseln, besiegt/Lebensunterhalt; gezwungen werden, ich habe gezwungen.

B 1. Als Odysseus nach zwanzig Jahren in seine Heimat zurückkehrte, wußte niemand, wer er war; Minerva hatte nämlich den starken Mann in einen Greis verwandelt. 2. Inzwischen war eine große Zahl adeliger junger Leute auf die Insel Ithaka gekommen, von denen (*deren) jeder wünschte, daß Penelope, die Gattin des Odysseus, ihn heirate. 3. Sie befahlen, daß aus den königlichen Herden prächtige Schafe, aus den Kellern die besten Weine (hervor)geholt würden. 4. Schließlich zwangen sie Penelope, die von Sehnsucht nach ihrem Gemahl (*ihres Gemahls) seelisch° gebrochen war, daß sie sich einen aus der Freierschar (*aus den Freiern) zum Gemahl wähle. 5. Als sie einsah, daß sie dem Ansturm der jungen Männer nicht widerstehen (*dem Ansturm... nicht im Wege stehen) könne, versprach sie, die Frau desjenigen zu werden, der des Odysseus alten Bogen spanne und einen Pfeil durch die Löcher [am Stiel der Beile, damit sie aufgehängt werden konnten] von zwölf Beilen schieße (*schicke). 6. Aber die Kräfte von keinem reichten aus. Da forderte der Greis, daß ihm der Bogen gegeben (*übergeben) werde. 7. Obwohl die jungen Leute den alten Mann hochmütig verlachten, übergab Telemach, Odysseus' Sohn, ihm den Bogen. Den nahm der Alte frohgemut und spannte ihn leicht. 8. Dann sagte er zu den eingeschüchterten Freiern: „Ich bin Odysseus, dessen Güter ihr verpraßt (*verbraucht), gegen dessen Sohn ihr Anschläge durchgeführt (*gegen dessen Sohn ihr Anschläge bereitet) und dessen Frau ihr zur Verzweiflung getriebenen habt (*... gezwungen habt, daß sie verzweifelt). Daher werde ich niemanden schonen." 9. Und er legte nicht früher die Waffen nieder, bis (*als) alle Feinde besiegt und getötet waren.

C 1. (Per) decem annos Graecis non contigerat, ut Troiam in potestatem suam redigerent. 2. Tum intellexerunt Troianos vi et armis vinci non posse. 3. Ut urbem subigerent, dolum adhibuerunt. 4. Viros (d)elegerunt, qui in equo ligneo abditi (conditi) Troianos delerent (perderent). 5. Neque tamen urbem subegissent (expugnavissent), nisi Troiani verba sacerdotis neglexissent.

69

A 1. sie steigen herab, sie gehen weg [Konj. Präs.], sie werden anzünden, sie sind hinaufgestiegen (haben erstiegen), sie waren herangerückt (hinzugetreten), sie hätten angezündet, angezündet (zu) werden/ich habe angezündet, angezündet (entflammt) [PPP: Gen. Sg. Mask./Neutr.; Nom. Pl. Mask.], steige herab, ich würde weggehen. 2. a) Es würde zu weit führen (* es wäre zu lang) [Realis], die Verbrechen Neros aufzuzählen. b) Es hätte sich gehört [Realis], daß er sich um die Politik kümmerte . c) Die Bürger hätten den Tyrannen töten müssen [Realis]. d) Mit Recht könnte einer sagen [Potentialis]: „Tadelt die Bürger nicht [verneinter Imperativ]! e) Wer hätte geglaubt [Potentialis der Vergangenheit], daß Nero so wahnsinnig ist (*daß Nero von so großem Wahnsinn ist)?

B 1. Der Löwe lag, vom Alter geschwächt (*von den Jahren gebrochen) und von den Kräften verlassen, in seiner Höhle und litt großen Hunger (*an schwerem Hunger leidend). 2. Weil seine Kräfte so (sehr) geschwächt waren, daß er sich den Lebensunterhalt nicht mehr verschaffen konnte, stellte er sich krank (*heuchelte er einen Kranken). 3. Als die Kunde von der Krankheit um die Erde gegangen war (*den Erdkreis durchflogen hatte), kamen die Tiere, um den kranken König zu besuchen. Alle aber, die die Höhle betreten hatten, packte (*erfaßte) der Löwe sogleich und verschlang sie°. 4. Als der Fuchs zur Höhle hinaufstieg, bemerkte er, daß viele Spuren zum Löwen hinführten (*schauten), keine aber° zurück. Daher hütete er sich hineinzugehen. 5. Da sagte der Löwe: „Lieber Fuchs, ich leide an einer schweren Krankheit. Vor (*durch) Schmerzen gehe ich zugrunde. Ich fühle, daß der Tod mir nahe ist. Was soll ich noch (*anderes) sagen? 6. Es besteht (*ist) keine Hoffnung, daß ich gesund werde (*zu gutem Gesundheitszustand gelange). Zögere nicht hereinzukommen, um mir, der ich aus dem Leben scheiden werde, beizustehen!" 7. Als aber der Fuchs weder antwortete noch eintrat, schrie der Löwe zornentbrannt: 8. „Deine Aufgabe ist es (oder: wäre es), den Vorschriften des Königs zu gehorchen. Schon lange hätte es sich gehört, mich zu besuchen. Geh nicht weg! Verlasse deinen König nicht! Komm herein!" 9. Aber der Fuchs antwortete lachend: „Warum (*was) tadelst du mich? Ich glaube, daß du nicht so sehr° an einer Krankheit leidest als an Hunger. Einen Fuchs dürftest du nicht einmal mit der besten List täuschen (*in einen Irrtum führen). Mich erschrecken diese Spuren da." 10. Mit diesen Worten wandte er sich von der Höhle ab und stieg den Berg hinunter (*mit diesen Worten sich... abwendend, stieg er ...).

C 1. Ingenti cupiditate gloriae accensus (incensus, inflammatus) quidam templum celebre (clarum) Dianae Ephesiae incendit (accendit, inflammavit). 2. Brevi comprehensus est. 3. Cuncti (omnes) virum, qui speraverat se hoc (eo) modo sibi gloriam paraturum esse, reprehenderunt. 4. Unus ex civibus ira incensus: „Melius est", inquit, „hominem scelestum (sceleratum) sine crimine multare (punire). Ne dubitaveritis eum occidere (necare)." (Unus ... dixit:" Melius est hominem ...). 5. Statim iudices reum ab civibus iratis defenderunt.

70

A 2. a) Wen verseht ihr mit Unrecht? → Wem tut ihr Unrecht? b) Die Römer versahen viele Völker mit Knechtschaft. → Die Römer brachten viele Völker in die Knechtschaft (... versklavten, knechteten...). c) Der Feldherr wird die Soldaten mit Belohnungen versehen. → Der Feldherr wird die Soldaten belohnen. d) Viele wurden mit einer schweren Wunde versehen. → Viele wurden schwer verwundet e) Die Freunde des römischen Volkes werden mit Wohltaten versehen. → Den Freunden des römischen Volkes werden Wohltaten erwiesen.

B 1. Von großem Hochmut (an)getrieben, hob die Krähe die Federn auf, die einem Pfau ausgefallen (*abgefallen) waren, und schmückte sich damit°. 2. Darauf mischte sie sich, ihre Artgenossen (*die Ihren) verachtend und zurücksetzend (*nicht beachtend), unter die Pfaue (*sie mischte sich der Zahl der Pfaue bei°). 3. Als diese den stolzen Vogel sahen (wahrnahmen), riefen sie (laut): 4. „Was willst (wünscht) du, häßliche Krähe? Was haben wir mit dir zu tun? (*Was ist uns mit dir zu tun°). Hau ab (*entfliehe) von hier!" 5. Mit diesen Worten greifen sie die Krähe an (*mit diesen Worten die Krähe angreifend), reißen ihr die Federn aus und vertreiben sie° mit heftigen Hieben. 6. Schwer verwundet, macht sich die Krähe daran (*beginnt), zu ihren Artgenossen zurückzukehren. Diese aber nehmen den von den Pfauen vertriebenen Vogel nicht auf. 7. Darauf wurde die Krähe von einer von jenen, die sie vorher zu verachten gewohnt war, getadelt [Passiv im Deutschen, weil der Satz im Aktiv kaum verständlich ist, wie man aus der wörtlichen Übersetzung sieht: Darauf tadelt die Krähe eine von jenen, die sie [= die Krähe] vorher zu verachten gewohnt war]: 8. „Wenn du mit deinen Federn zufrieden gewesen wärest und das, was die Natur dir gegeben hatte, hingenommen (*ertragen) hättest, wärest du frei von Schande." 9. Von ihren Artgenossen (*den Ihren) zurückgewiesen (*zurückgestoßen), wünschte die Krähe zu sterben. 10. Der Dichter lehrt uns, daß es sich nicht gehört, sich mit fremden Gütern zu brüsten; es ist besser, mit seinem Besitz (*Dingen) zufrieden, ein glückliches Leben zu verbringen (*leben).

C 1. Primo cogita, tum cape consilium! Si aliter agis, facile errore caperis. 2. Lex brevis esto, ut omnes eam facile capiant. 3. Divitiae, honores, vita ipsa homini saepe eripiuntur, virtus sola nobis eripi non potest. 4. Respice beneficia, quibus parentes te afficiunt. 5. Stulti id (ea) despicere solent, quod (quae) animo (menti) non capiunt.

D 1. Gast: Wecke mich morgen bei Tagesanbruch (*beim ersten Licht), Sklave!
Sklave: Das (*so) werde ich tun, mein Herr; du brauchst nur zu klingeln (*du bewege nur die Klingel).
2. Lehrer: Gehst du gern in die Schule (*freut es dich,... zu gehen)?
Junge: Ich gehe gern zur Schule und gern von der Schule nach Hause° (es freut mich... und... zurückzukehren). Die Zwischenzeit (*den dazwischenliegenden Teil) liebe ich nicht so sehr.

71

A 1. iactare → iacere, parentes → parĕre, cupiditas → cupere, praeceptum → praecipere, raptare → rapere, captare → capere, conspectus → conspicere, factum → facere, fuga → fugere. 2. Injektion → inicere (Einspritzung), Affekt → afficere (Gemütsbewegung, in die einer *versetzt* wird), Konfekt → conficere („angefertigte" Zuckerware), Perfektion → perficere (Vollendung), Rezeption → recipere (Hotel*aufnahme*), exzeptionell → excipere (ausnahmsweise), akzeptieren → accipere (annehmen), Perkussion → percutere (Abklopfen des Körpers durch den Arzt), Respekt → respicere (Rücksicht), despektierlich → despicere (verächtlich), Aspekt → aspicere (Anblick, Gesichtspunkt). 3. părare (parat, Apparat), pārere (parieren), parĕre (parentes), patēre (Patent), parcere (–), pacare (pax), placare (besänftigen, versöhnen, so daß alles in Ordnung ist, so daß alles gefällt → placet), placet (vgl. placare).

B 1. Als ein gewisser Julian einen Hirschen mit dem Pfeil erlegen (*durchstoßen wollte), hörte er (*nahm er wahr) einen bisher ungehörten Ton; und sogleich begann der Hirsch zu sprechen: 2. „Du wirst die, die dir das Leben geschenkt haben (*... dich hervorgebracht haben), töten. Verachte meine Worte nicht!" 3. Während der Jäger zögerte, das Geschoß abzuschießen (*schleudern), floh der Hirsch und verschwand sogleich im Walde (*... wurde ... vom Wald aufgenommen). 4. Weil sich Julian die sonderbaren Worte zu Herzen nahm (*Julian, die sonderbaren Worte berücksichtigend), flüchtete er in ein entferntes Land, wo er dem Fürsten mit höchster Umsicht diente. 5. Schließlich wurde er, weil er alle Aufträge gut erfüllt (*vollendet) und herrliche Taten vollbracht (*getan) hatte, an die Spitze des Heeres gestellt. 6. Inzwischen suchten die Eltern aus Furcht, daß der Sohn einen Schaden erlitten habe (*... irgendeinen Schaden genommen habe), auch entfernte Länder auf. Schließlich kamen sie, von Anstrengungen erschöpft (*aufgerieben), zu Julians Haus. 7. Dessen Gattin nahm die alten Leute, weil sie (ein)sah, in welchem Gesundheitszustand sie waren (*von welchem Befinden sie waren), gütig auf und sorgte dafür°, daß ihre Kräfte durch Nahrung und Schlaf wiederhergestellt wurden. 8. Da sie vermutete, daß sie Julians Eltern seien, gab sie (*gestand sie zu) den Ermüdeten das Bett ihres Gemahls. 9. Als Julian nach Hause zurückgekehrt war und fremde Menschen in seinem Bett erblickt hatte, durchbohrte er sie mit gezücktem Schwert. Zu spät erfuhr er von seiner Frau, daß er seine Eltern getötet habe. 10. Er warf seine Waffen weg (*seine Waffen wegwerfend) und° rief (laut): „Was habe ich getan?“ Und sogleich fügte er hinzu: „Der Hirsch hatte mich gewarnt (*gemahnt).“ Er hörte nicht auf, sich Vorwürfe zu machen, weil (daß) er zu wenig vorsichtig gewesen sei (*... er zu wenig auf der Hut gewesen sei).

C 1. Graeci a Romanis clades graves acceperunt. 2. Sed brevi Roma artibus et litteris Graecorum victorum capta est. 3. Quis nescit [Realis!] victores Romanos multas urbes diripuisse et multa artificia in Italiam transportavisse? 4. Tandem (denique) philosophi Graeci Romanis litteras tradere coeperunt. 5. Imprimis a iuventute (iuvenibus) praecepta eorum libenter recipiebantur. 6. Sic (ita) Graecia victa victoriam de victoribus Romanis peperit.

72

A 1. notus → noscere, postulare → poscere, creare → crescere, quies → quiescere, cupere → concupiscere, docere → discere, scire → asciscere 2. Ich habe kennengelernt (kenne, weiß), neu [Gen. Sg. Mask./Neutr.; Nom. Pl. Mask.], ich habe bewegt, kennengelernt zu haben (kennen, wissen), erfahren (erkannt) zu haben, gezwungen (zusammengebracht) zu haben, gezügelt (gemaßregelt) zu haben; er hat gesagt, er hat gelernt, er ist weggegangen, er hat gelehrt; der Ruhe [Dat. Sg.], ich habe geruht; gehe (weiche), glaube (vertraue an), ich bin gewachsen, ich habe verursacht (erschaffen, gewählt), häufig [Gen. Sg. Mask./ Neutr.; Nom. Pl. Mask.]; er wird fordern, er könne [Konj. Präs. zu *posse*], er besitzt.

B 1. Ein Mönch, der bei Augustinus, jenem frommen Mann, die Lehre Christi gelernt hatte, war gewohnt (*hatte sich gewöhnt), diesem behilflich zu sein (*zu helfen). 2. Deswegen nimmt es nicht wunder (*... ist es nicht sonderbar), wenn er nach dem Tode des Heiligen auch dessen Gebeine bewachte. 3. Einmal verlangte ein Mann, der den Mönch kannte (*kennengelernt hatte), von ihm, daß er ihm einen Finger des heiligen Augustinus gebe; er glaubte nämlich, der Finger könne Wunder (be)wirken. 4. Obwohl (als) der Mönch zunächst gesagt hatte, daß er das nicht tun werde (*...verneint hatte, daß er das machen werde), was jener begehrte, gehorchte er schließlich doch° seinen Bitten und sagte: „Geld verlange ich für den Finger.“ 5. Weil er aber erkannte, daß es ein Verbrechen ist, Gebeine eines Mannes, der in die Schar (*Zahl) der Himmlischen aufgenommen wurde, zu nehmen, sagte er bei (*mit) sich: 6. „Was soll ich tun? Ich bin (*werde) gezwungen, ihn zu betrügen. Niemals dürfte er erkennen, daß er den Finger eines anderen bekommen hat, nicht den° des Augustinus.“ 7. Bald erhielt der eine die Belohnung, der andere den Finger. 8. Gewohnt, den Finger immer mit sich zu tragen, vollbrachte er so gewaltige (*große) Taten, daß alle anerkannten, daß die Kraft Gottes an seinen Werken sichtbar werde (*aus ... erscheine). 9. Der Ruhm des Mannes wuchs von Tag zu Tag. Als der Mönch dies erfahren hatte, sagte er, von schlechtem Gewissen (an)getrieben, daß er jenen betrogen habe und die Gebeine des Augustinus unberührt im Grabe ruhten. 10. Als die Beamten dies [= das Grab] geöffnet hatten, erkannten sie, daß ein Finger fehle. Vom Wunder und vom Verbrechen zugleich erschüttert (*sowohl vom Wunder als auch vom Verbrechen erschüttert), warfen sie den Mönch in den Kerker.

C 1. Rex quidam aliquando ab Euclide poposcit (petivit), ut via simplicissima et brevissima in geometria erudiretur. 2. Tum vir doctus respondit: „Poscis, quae perfici non possunt. Mox cognosces in geometria viam regiam non esse. Non cresces sapientia, nisi discere consueveris ut ceteri homines. 3. Novimus Euclidem recte dixisse.

73

A 1. Froh sind diejenigen°, die wohlbehalten von einer Reise nach Hause zurückgekehrt sind. 2. Die Einwohner der von den Feinden zerstörten Stadt beweinten traurig ihr Schicksal. 3. Ein guter Mensch beleidigt (verletzt) niemand wissentlich. 4. Ungern hören die Kinder zu spielen auf; die Mutter ruft den Knaben gegen seinen Willen nach Hause. 5. Der Wolf wurde lebend gefangen; wir fingen den Wolf lebend(ig). 6. Vielen Künstlern und Dichtern werden zu Lebzeiten keine (*nicht) Ehren erwiesen (*gegeben); erst° nach ihrem Tod stehen (*sind) sie in Ehre. 7. Dem Alkibiades, der in seiner Anwesenheit zum Feldherrn gewählt worden war, entzogen die Athener in seiner Abwesenheit die Befehlsgewalt (*den Befehl) wieder°. 8. Dies habe ich dir allein / nur dir gesagt. 9. Allein / nur dem Odysseus gelang es, den gewaltigen Bogen zu spannen (daß er ...), 10. Als Cicero sich von den öffentlichen Aufgaben zurückgezogen hatte, gab er sich ganz der Philosophie hin. 11. Was du als Knabe gelernt hast [Fut. II], wird dir als Mann nützen.
B 1. Diesen Turm erstieg zuerst ich (zuletzt du). 2. Zuerst erstieg ich diesen Turm (danach jenen). 3. Zuerst erstieg ich den Turm, (dann sah ich auf die Straßen herab).
C 1. Der Knabe, der seine° Pflicht [im Lat. Genitiv] vernachlässigt, wird getadelt / ..., weil er seine° Pflicht vernachlässigt / Wegen der Vernachlässigung seiner° Pflicht ... Der Lehrer ermahnt den Knaben, der seine° Pflicht vernachlässigt / ..., wenn er ... vernachlässigt. 2. Odysseus, der durch Länder und durch Meere irrte, verlor alle Gefährten / Als Odysseus ... irrte, verlor er ... Als er nach 20 Jahren nach Hause zurückkehrte, war er niemandem mehr° bekannt / Bei seiner Rückkehr nach Hause nach 20 Jahren ...; der treue Hund aber begrüßte seinen° von den Irrfahrten zurückgekehrten Herrn / ... seinen Herrn, der ... zurückgekehrt war. 3. Arbeiter erneuerten die von den Fluten zerstörte Brücke in Kürze / Als die Brücke ... zerstört worden war, erneuerten sie Arbeiter in Kürze. 4. Die Kaufleute, die durch wüstes Gebiet (*Orte) zogen (*ihren° Weg machten), wurden von Wassermangel gequält / Bei ihrem Zug ... wurden die Kaufleute ... gequält. 5. Als / weil Xerxes vorhatte / im Begriff war, die Griechen anzugreifen (als / weil ... *durch Krieg erstreben wollte), sammelte er ein sehr großes Heer (*brachte ... zusammen). 6. Diogenes antwortete Alexander dem Großen auf seine Frage / als er fragte, was er sich wünsche (*ersehne): „Geh mir° ein wenig aus der Sonne!" Derselbe Diogenes° ging einmal, eine angezündete Lampe in der Hand haltend, / mit einer ... in der Hand mittags auf dem Marktplatz umher. Als seine° Mitbürger ihn fragten / Auf die Frage seiner° Mitbürger, was er treibe, antwortete er: „Ich suche einen Menschen."

74

A 1. Bei Sonnenuntergang / Als die Sonne unterging, kehrten die Jäger, mit Beute beladen, in die Stadt zurück. 2. Wenn zwei sich° streiten, freut sich der dritte (*wird ... mit Freude versehen). 3. Nach getaner Arbeit / Wenn die Arbeiten verrichtet sind, ruhen wir angenehm *(wie lautet das dt. Sprichwort?)*. 4. Viele Menschen pflegen zu schlafen bei geöffneten Fenstern / wenn die Fenster geöffnet sind. 5. Was können wir nach dem Verlust der Freiheit / wenn die Freiheit verloren ist, noch° verlieren? 6. Wenn / Weil die Täler und

Felder von hohem Schnee bedeckt sind, gehen viele Vögel an (durch) Hunger zugrunde. 7. Auf das Zeichen hin / Als das Zeichen gegeben worden war, stürzten sich die Soldaten auf den Feind. 8. Da die Soldaten tapfer kämpften, empfingen die Feinde eine Niederlage. 9. Das römische Volk gab trotz großer (erlittener) Niederlagen / obwohl es große Niederlagen erlitten hatte (*obwohl große Niederlagen empfangen worden waren), niemals die Hoffnung auf (verzweifelte niemals). 10. Der Feldherr rief die Soldaten zu einer Versammlung zusammen und sagte / Nachdem die Soldaten ... zusammengerufen worden waren, sagte der Feldherr: „Nach dem Sieg über die Feinde und nach dem Friedensschluß / Wenn die Feinde besiegt sind und Friede geschlossen ist, werdet ihr nach Hause zurückkehren." 11. Nach einer langen (*großen) Rede verließ der Konsul das Forum / Nachdem er eine lange Rede gehalten hatte (*nachdem eine lange Rede gehalten worden war), ... 12. Obwohl Regen droht, gehen die Kinder in den Wald. 13. Nach dem Einholen der Anker / Nachdem die Anker gelichtet (*aufgehoben worden) waren, fuhren die Schiffe auf die hohe See hinaus. 14. Mit dem Zunehmen des Geldes / Wenn das Geld zunimmt, nimmt auch° die Habgier zu. 15. Herakles nahm ohne jede Hilfe / wobei niemand half, die größten Mühen auf sich.

B 1. A 1. sole occidente: die Sonne geht unter 2. duobus certantibus: zwei streiten 3. actis laboribus: die Arbeiten sind verrichtet worden 4. apertis fenestris: die Fenster sind geöffnet worden 5. amissa libertate: die Freiheit ist verloren gegangen 6. vallibus campisque (alta nive) obrutis: die Täler und Felder sind (von hohem Schnee) bedeckt worden 7. signo dato: ein Zeichen ist gegeben worden 8. militibus (fortiter) pugnantibus: die Soldaten kämpfen (tapfer) 9. (magnis) cladibus acceptis: (große) Niederlagen sind empfangen worden 10. militibus (ad contionem) convocatis: die Soldaten sind (zur Versammlung) zusammengerufen worden; hostibus victis: die Feinde sind besiegt worden; pace facta: Friede ist geschlossen (gemacht) worden 11. (magna) oratione habita: eine (lange) Rede ist gehalten worden 12. imbre imminente: der Regen droht 13. ancoris sublatis: die Anker sind gelichtet (*aufgehoben) worden 14. crescente pecunia: das Geld nimmt zu 15. nullo adiuvante: keiner hilft.

2. a) Nachdem die Stadt erobert worden war, wurden die Bewohner in die Sklaverei weggeführt. Oppido expugnato incolae ... b) Wenn die Luft weggenommen wird, erlöscht jede Flamme. Aëre adempto omnis flamma ... c) Nachdem Cäsar eine Brücke über den Rhein gebaut (*gemacht) hatte, rückte er auf das Gebiet der Germanen vor. Ponte in Rheno facto Caesar in fines ... d) Die Griechen kehrten nach verschiedenen Richtungen (gewendet) zu ihren Wohnsitzen zurück, als sie Troja erobert hatten (als Troja erobert war). Troia capta Graeci ... 3. a) Der Gesandte sprach diese Worte (*diese Worte wurden gesagt) und ging dann° weg. Nach diesen Worten ging der Gesandte weg. b) Der Feldherr eroberte die Stadt (*die Stadt wurde erobert) und erlaubte danach° den Soldaten, Beute zu° machen°. Nach der Eroberung der Stadt erlaubte der Feldherr den Soldaten, Beute zu° machen°. c) Cäsar ermutigte die Soldaten (*die Soldaten wurden ermutigt) und eröffnete dann° die Schlacht (*führte ... aus). Nach einer ermutigenden Ansprache an die Soldaten eröffnete Cäsar die Schlacht.

75

A 1. Unter der Führung des Agamemnon segelten die Griechen nach Troja. 2. Nach der Eroberung der Stadt schonten die Soldaten weder die Frauen noch die Kinder. 3. Nach der Zerstörung Trojas bestiegen die Griechen ihre° Schiffe, um nach Hause zurückzukehren (damit sie ...) 4. Die Athener erbaten Hilfe von den Spartanern, als sie von der Ankunft der Perser gehört hatten (*als die Ankunft der Perser vernommen worden war). 5. Xerxes ließ° nach der Ermordung der Priester die Tempel der Götter durch Feuer (*Brand) zerstören (*Xerxes zerstörte ...). 6. Nachdem die Perser besiegt waren, erneuerten die Athener schnell ihre° Stadtmauern. 7. Auf Veranlassung des Themistokles bauten die Athener noch° einmal° so viele Kriegsschiffe wie sie bereits hatten. 8. Unter deiner Führung, Bester Größter Jupiter, werden wir die Sache gut ausführen. 9. Unter der Führung der Natur können wir nicht irren. 10. Die Kinder sind gegen den Willen der Eltern weggegangen. 11. Gegen meinen Willen hast du das getan. 12. Ich habe dies gegen eueren Willen getan. 13. Was du vor (mit) Gott als Zeugen versprochen hast [Fut. II], mußt du halten. 14. In unserer Anwesenheit müßt ihr die Wahrheit (*das Wahre; Pl.) sagen. 15. In Abwesenheit des Lehrers lärmen (schreien) die Kinder, wenn er anwesend ist / in seiner Anwesenheit schweigen sie. 16. In Abwesenheit des Besitzers (des Herren) plünderten Räuber das Haus und zerstörten es durch Feuer (*Brand). 17. Obwohl die Flammen in kurzer Zeit gelöscht worden waren, konnte nichts gerettet werden. 18. Als der Vater starb / Beim Tode des Vaters waren alle Söhne anwesend. 19. Nach dem Tode des Vaters entstand unter den Söhnen Zwietracht. 20. Unter der Herrschaft von König Romulus / Als Romulus König war, wurde die Stadt Rom mit Mauern umgeben. 21. Die Helvetier versuchten gegen den Willen Cäsars durch die römische Provinz zu marschieren (*einen Marsch zu machen). 22. Unter der Herrschaft von Kaiser Nero / Als Nero Kaiser war, wurden viele Christen gefoltert und getötet.

B 1. A 1. Agememnone duce: Agamemnon *ist* der Führer. 7. Themistocle auctore: Themistokles *ist* der Urheber 8. te duce: du *bist* der Führer 9. natura duce: die Natur *ist* die Führerin 10. parentibus invitis: die Eltern *sind* unwillig 11. me invito: ich *bin* unwillig 12. vobis invitis: ihr *seid* unwillig 13. deo teste: Gott *ist* Zeuge 14. nobis praesentibus: wir *sind* anwesend. 15. magistro absente: der Lehrer *ist* abwesend; praesente eo: er *ist* anwesend 16. domino absente: der Herr *ist* abwesend 20. Romulo rege: Romulus *ist* König 21. Caesare invito: Cäsar *ist* unwillig 22. Nerone imperatore: Nero *ist* Kaiser. 2. a) zu Lebzeiten des Vaters b) in Anwesenheit des Arztes c) nach dem Tod des Bruders d) zu Beginn des Sommers e) ohne Wissen der Eltern f) unter der Herrschaft von König Tarquinius g) nach diesen Worten / durch diese Worte / infolge dieser Worte.

W 73 – 75

Dädalus und Ikarus (I)

Nachdem er in der Stadt Athen einen Mord begangen hatte (*nachdem ... ein Mord gemacht worden war), war Dädalus mit seinem° Sohn Ikarus auf die Insel Kreta geflohen und hatte dort während der Regierung des Minos (als Minos König war) das Labyrinth erbaut. Als er nach dessen Vollendung (als dieses vollendet war) vorhatte, in seine° Heimat zurückzukehren, erlaubte Minos nicht, daß er die Insel verlasse (von der Insel gehe).

Als Dädalus weder den König durch Bitten bewegen noch heimlich entfliehen konnte, wandte er eine (*gewisse) neue Kunst an: indem er für sich und seinen° Sohn aus Federn Flügel verfertigte und diese° mit Wachs verband (*indem Federn ... gemacht und ... verbunden worden waren), bemühte er sich, durch die Luft zu fliehen.

Weil er viel Zeit und viel Mühe auf dieses Werk verwendet hatte (*weil viel Zeit ... verwendet worden war), hoffte er, daß er bewirken könne, was er sich vorgenommen hatte; und er bemühte sich nicht umsonst.

Dädalus und Ikarus (II)

Als Dädalus sah, daß die Sache sich günstig entwickelte, gab er seinem Sohn Ikarus die Vorschrift (schrieb er ... vor), sowohl die Hitze der Sonne als auch die Wogen des Meeres zu meiden (daß er ... meide). Dann erhoben sie sich durch Bewegen der Flügel / dadurch, daß sie die Flügel bewegten (*dadurch, daß die Flügel bewegt wurden), in die Lüfte.

Ikarus gehorchte zuerst den Vorschriften seines° Vaters, aber bald darauf wurde er unter Mißachtung der Vorschriften (wobei er die Vorschriften mißachtete) allzu kühn (*kühner) und versuchte, den Himmel selbst zu erreichen (*zu berühren).

Als er sich auf diese Weise der Sonne allzusehr genähert hatte, wurden die Flügel durch das Schmelzen des Wachses der Federn / dadurch, daß das Wachs der Federn schmolz, gelöst. Dadurch geschah es, daß Ikarus in das Meer hinabstürzte und in den Fluten versank.

Als Ikarus tot war und auf einer (*gewissen) Insel begraben worden war, kehrte Dädalus traurig in die Heimat zurück.

Polykrates (I)

Als König Amasis in Ägypten regierte, glückte es dem Polykrates, einem Mann von großer Tüchtigkeit, die Gewaltherrschaft über die Insel Samos zu erlangen (*daß er ... besetzte). Und zuerst herrschte er zusammen mit seinen Brüdern; aber nachdem er den einen von ihnen getötet, den anderen vertrieben hatte [passivisch], hatte Polykrates allein die Insel in seiner Gewalt (behauptete Polykrates allein die Insel).

Als er mit Amasis und anderen Fürsten Gastfreundschaft geschlossen und eine große Flotte aufgestellt hatte [passivisch], griff er die benachbarten Staaten an (*erstrebte er ... durch Krieg).

Nach der Unterwerfung vieler Städte und Inseln / nachdem er viele Städte und Inseln unterworfen hatte [passivisch], bedrängte er die Einwohner von Milet; nach deren Unterwerfung / als diese unterworfen waren, besiegte er die Einwohner der Insel Lesbos in einer bedeutenden (großen) Seeschlacht.

Polykrates (II)

Nach diesen Erfolgen / Nachdem er diese Dinge gut ausgeführt hatte, hatte er innerhalb weniger Jahre die größte Macht (Einfluß) zur See (auf dem Meer). Deshalb schien der Tyrann der glücklichste Mensch° zu sein.

Aber weil die Menschen des Altertums (*die alten Menschen) den Neid der Götter fürchteten, ermahnte der König Amasis voller Sorge (beunruhigt) den Tyrannen, das, was ihm am liebsten sei / was er am liebsten habe, wegzuwerfen (daß er ...). Deshalb fuhr Polykrates, um dem Rat seines° Freundes zu gehorchen (damit er ...), auf die hohe See hinaus und° warf einen sehr kostbaren Ring in die Wogen hinab.

Aber nach wenigen Tagen ereignete es sich – was niemand hoffte –, daß derselbe Ring im Bauch eines Fisches gefunden wurde.

Polykrates (III)

Auf die Kunde hiervon / Nachdem er dies erfahren hatte (*nachdem diese Sache erkannt war), kündigte der König Amasis dem Polykrates die Freundschaft auf in der Meinung, daß der Freund dem Neid der Götter nicht entkommen könne. Aber Polykrates war nicht allzu lange (*länger) der glücklichste Mensch°; nachdem nämlich in seiner (*dessen) Flotte ein Aufstand ausgebrochen war, verlor der Tyrann, als er, in einer Seeschlacht

besiegt, die Insel Samos nur° mit Mühe gegen die Feinde verteidigte, so große Macht, daß die meisten Staaten von ihm abfielen.
Nachdem er hierauf in allen Unternehmungen Mißerfolg hatte / Nachdem er hierauf alle Dinge schlecht ausgeführt hatte [passivisch], wurde Polykrates zuletzt von den Persern überwältigt (überfallen) und ans Kreuz geschlagen (*angeheftet).

Ein Attentat auf König Tarquinius Priscus (I)
Die Erbitterung über die Ungerechtigkeit stachelte die Söhne des Ancus mehr gegen Tarquinius als gegen Servius an. Deswegen wurde gegen den König selbst ein Attentat vorbereitet (*dem König selbst ein Hinterhalt bereitet).
Aus den Hirten wurden die zwei wildesten für die Tat ausgewählt. Diese begannen, mit Beilen bewaffnet, in der Vorhalle des königlichen Hauses einen Streit und lenkten während der Abwesenheit des Königs die Aufmerksamkeit aller königlichen Sklaven auf sich. Dann wurden sie, als beide nach dem König riefen und ihr Geschrei durch das ganze Haus hallte, zum König gerufen.
Als das Geschrei nicht unterbrochen wurde, wurden die Hirten vom Liktor zurechtgewiesen (*gezügelt) und erhielten den Befehl abwechselnd zu sprechen; dann begann der eine von ihnen verabredungsgemäß zu sprechen.

Ein Attentat auf König Tarquinius Priscus (II)
Als der König auf ihn konzentriert sich abwendete, schlug der eine der beiden Hirten mit dem Beil auf den Kopf des Königs ein (*warf er ... herab); nachdem sie die Waffe (*das Geschoß) in der Wunde zurückgelassen hatten, stürzten beide nach draußen (*warfen sich hinaus). Als die Sklaven den verwundeten Tarquinius aufgefangen hatten, ergriffen die Liktoren jene auf der Flucht (*als Fliehende). Dann entstand ein Auflauf des Volkes (*wurde ... veranlaßt) und alle fragten, was los° sei.
Nachdem das königliche Haus geschlossen und die Augenzeugen entfernt worden waren, versorgte die Gattin des Tarquinius die Wunde des Königs. Sie fürchtete, daß er (*jener) sterben könnte°, aber sie plante schon andere Schutzmaßnahmen (*dachte ... aus). Dem eilends (schnell) herbeigerufenen Servius zeigte sie den beinahe entseelten Mann; dann bat sie, während sie die Rechte des Servius hielt, daß er den Tod des Königs räche.

Ein Dichterwettstreit in Alexandria (I)
Als schon sechs Richter ausgewählt waren und der siebte geeignete noch° nicht gefunden war, fragte der König die Bibliotheksvorsteher (*diejenigen, die der Bibliothek vorgesetzt waren), ob sie irgendeinen geeigneten wüßten. Sie sagten, es gebe einen gewissen Aristophanes, der mit höchstem Eifer die meisten Bücher durchgelesen habe. Bei Beginn der Spiele (*als der Anfang der Spiele gemacht worden war) wurde auch Aristophanes herbeigeholt; die Sitze wurden verteilt, und die Richter setzten sich.
Nachdem die Verse der Dichter vorgelesen worden waren, wurden die Richter einzeln gebeten, ihre Meinung zu sagen (daß sie ...). Sechs stimmten untereinander überein und teilten dem, der der Menge am meisten gefallen zu haben schien, den ersten Preis (*Lohn) zu. Aristophanes aber sagte, daß derjenige der erste sei, der dem Volk am wenigsten gefallen habe.

Ein Dichterwettstreit in Alexandria (II)
Als darüber° alle heftig erzürnt waren, erhob sich Aristophanes, gebot Schweigen und

sagte (*... und sagte, nachdem Schweigen gemacht worden war): „Einer von diesen ist ein Dichter, die übrigen haben fremde Verse (*Fremdes; Pl.) vorgetragen." Als das Volk staunte und der König zögerte, brachte er aus der Bibliothek viele Buchrollen herbei (*führte er ... heraus) und verglich sie mit den vorgelesenen Versen. Nach dem Vergleich (als diese verglichen worden waren) zeigte sich, daß die Dichter einen Diebstahl begangen (*gemacht) hatten. Jene wurden mit Schimpf° und° Schande entlassen; den Aristophanes aber° beschenkte der König reichlich (*stattete ... mit bedeutenden Geschenken aus) und machte ihn zum Bibliotheksvorsteher (*setzte ihn über die Bibliothek).

76

A 1. Als Achilles den Griechen nicht mehr half, tötete Hektor seinen (= des Achilles) Freund Patroklos. 2. Euch kann nicht geholfen werden (ihr könnt nicht unterstützt werden). 3. Hätte ich dir doch geholfen! 4. Wir müssen vor allem denen helfen, denen die lebensnotwendigen Dinge (die zum Leben notwendigen Dinge) fehlen. 5. Vielen fehlt es an Geduld, nicht an Kräften. 6. Viele Bundesgenossen fielen von den Römern ab. 7. Wer vor dem Urteil(sspruch) flieht, gesteht zu, daß er ein Verbrechen begangen (*ausgeführt) hat. 8. Niemand wird dem Druck (der Gewalt) seines° Gewissens entfliehen (... vor dem Druck ... fliehen). 9. Es ziemt sich für Kinder, bescheiden zu sein. 10. Es ziemt sich für uns / euch / mich / dich / ihn / sie / sie / sie zu schweigen. 11. Wer weiß nicht (*wem entgeht es), daß Homer die Heldentaten (die Leistungen) des Achilles und des Odysseus besungen hat?

B Der Dichter Ovid in der Verbannung. 1. Als der Dichter Ovid von Kaiser Augustus aus Rom verbannt worden war (... aus der Stadt vertrieben worden war), lebte er unglücklich bei den Geten und weinte oft über sein° Elend (beweinte oft ...). 2. In (*mit) einem (gewissen) Vers sagt er folgendes (dies; Pl.): Hier bin ich ein Barbar, weil ich von niemandem (*nicht von jemand) verstanden werde, und die dummen Geten lachen über die lateinischen Worte. 3. Wie oft sehnte der Dichter sich nach der Heimat! 4. Wie oft wartete er auf die Ankunft eines Boten! 5. Schließlich verzweifelte der verbannte (der aus der Heimat vertriebene) Ovid an der Rettung.

C 1. a) Filii a patre adiuvantur. Den Söhnen wird vom Vater geholfen. b) Frater a sororibus adiutus est. Dem Bruder ist von seinen° Schwestern geholfen worden. c) A nullo adiutus es. Von niemandem ist dir geholfen worden. d) Cur a te non adiuvor? Warum wird mir von dir nicht geholfen? e) A quo adiuvabimini? Von wem wird euch geholfen werden? f) Miseri a nobis adiuvantur. Den Unglücklichen wird von uns geholfen. g) Cur a vobis non adiuti sumus? Warum ist uns von euch nicht geholfen worden? 2. a) wir werden gemieden = man flieht vor uns b) du wirst gemieden werden = man wird vor dir fliehen c) er / sie / es wird gemieden = man flieht vor ihm / ihr / ihm d) sie mögen gemieden werden = man möge vor ihnen fliehen e) ich wurde gemieden = man floh vor mir f) ihr würdet gemieden (werden) = man würde vor euch fliehen g) sie werden gemieden werden = man wird vor ihnen fliehen.

77

A 1. Die Griechen suchten das Delphische Orakel auf; es ist bekannt, daß manchmal auch die Römer dieses Orakel des Apollo aufsuchten. 2. Wie große Anstrengungen, wie viele Gefahren haben die alten Römer für die Rettung des Vaterlandes auf sich genommen! 3. Es geht (*ist) das Gerücht, Herakles habe den Tartaros / die Unterwelt betreten (..., daß Herakles ... betreten habe). 4. Die Römer schlossen ein Bündnis mit den Sabinern (gingen ... ein). 5. Diese Aufgabe übernehmen wir nicht. 6. Themistokles starb im Alter von 65 Jahren. 7. In den nächsten Ferien werde ich schöne Gegenden Italiens besuchen. 8. Wollen wir das rechte° Maß nicht überschreiten! 9. Undankbare Menschen° vergessen empfangene Wohltaten (übergehen ... mit Schweigen). 10. Xerxes setzte über den Hellespont, um die Griechen zu unterwerfen (damit er ...). 11. Der König der Perser setzte gewaltige Truppen über den Hellespont. 12. Von Xerxes wurden gewaltige Truppen über den Hellespont gesetzt.

B 1. Ein (gewisser) Philosoph sagte: „Ich lasse mich in keiner Weise durch körperliche Schmerzen (Schmerzen des Körpers) beeinflussen (*ich werde ... bewegt)." 2. Bei Cicero lesen wir (geschrieben): Darin stimmen alle Völker überein, daß es sowohl Götter gibt als auch daß die Seelen weiterleben (*fortdauern); daran möge niemand zweifeln! 3. Warum (wieso) hast du deinen° Freund mit Worten gekränkt (*verwundet)? 4. Die Sueben, ein germanisches Volk, lebten nicht viel von Getreide, sondern größtenteils von Milch und Kleinvieh *(d. h. Ziegen, Schafen und Schweinen)*, und sie gingen (*waren) viel auf die (*der) Jagd (Pl.). 5. Die Menschen nützen ihren° Mitmenschen einerseits sehr viel, andererseits schaden sie ihnen° auch° sehr viel (sowohl ... als auch).

C Hannibals Elefanten überschreiten einen Fluß. 1. Ein (gewisser) römischer Schriftsteller überliefert, Hannibal habe seine° Elefanten auf folgende (*diese) Weise über die Rhone gebracht (daß Hannibal ... hinübergebracht habe): 2. Weil er sie nicht dazu° veranlassen konnte, über den tiefen Fluß zu gehen (daß sie ...), und weil er keine (*nicht) Schiffe oder Flöße hatte, mit denen die Tiere über den Fluß gesetzt werden konnten°, gab er Befehl (befahl er), daß der wildeste Elefant unter dem Ohr verwundet werde und daß der, der ihn° verwundet hatte, fliehen und durch den Fluß schwimmen solle°. 3. Und wirklich (in der Tat) schwamm der gereizte Elefant durch den Strom, um den Urheber seines° Schmerzes zu fassen und zu bestrafen (damit er ...). 4. Dann schwammen auch die übrigen Elefanten über den Strom.

78

A 1. Niemand kann vor seinem° Tod glücklich genannt werden. 2. Die Gallier glaubten, daß die Seelen nicht untergehen, sondern von den einen nach dem Tod auf die anderen übergehen. 3. Bei den Römern wurden die Toten außerhalb der Mauern neben belebten Straßen bestattet. 4. Nahe bei der Stadt München gibt es (ist) eine Römerstraße, die heute noch (*auch heute) betrachtet werden kann. 5. Die Römer nannten die Via Appia wegen ihres° Ruhmes Königin der Straßen. 6. Cäsar wurde von den Verschwörern nahe bei der Statue des Pompeius getötet. 7. Odysseus kehrte wider Erwarten / gegen die Erwartung aller unversehrt in die Heimat zurück; dort tötete er alle Freier außer dem Sänger und dem Herold. 8. Gewisse Philosophen behaupteten, daß niemand vom rechten Weg abirren könne, wenn er gemäß der Natur lebe.

B 1. Die Erde liegt (*ist), wie die Alten meinten, in der Mitte der Welt; um sie herum bewegen sich die Sterne (*werden ... bewegt). 2. Bei Tacitus können folgende (diese) Worte gefunden werden: „Christus wurde unter der Herrschaft des Kaisers Tiberius / als Tiberius Kaiser war, durch den Provinzstatthalter Pontius Pilatus hingerichtet (*mit der

Hinrichtung versehen)". 3. Was ist schändlicher als seinen° Nächsten gegen das Treuwort zu täuschen? 4. Wollen wir die Tugend um ihrer selbst willen (wegen ...) erstreben! 5. Homer sagt, daß die Menschen bei den Göttern, die Götter aber° beim Styx schwören. 6. Meinetwegen / von mir aus ist es dir erlaubt zu spielen. 7. Gegen einen Glücklichen hat kaum ein Gott Macht (*Kräfte). 8. Die Provinz Afrika lag Sizilien gegenüber. 9. Gerechtigkeit gegen die Götter wird ‚*religio* / Götterverehrung / Gottesfurcht / Ehrfurcht' genannt, Gerechtigkeit° gegen die Eltern ‚*pietas* / Pflichtbewußtsein / dankbare Liebe / Treue', wie Cicero sagt.

C 1. Innerhalb der trojanischen Mauern wird gefehlt (gesündigt) und außerhalb. 2. Innerhalb von neun Jahren / binnen neun Jahren (neun Jahre lang) konnten die Griechen Troja nicht erobern. 3. Cäsar sagt, in den Wäldern Germaniens gebe es Auerochsen (daß ... seien), die etwas kleiner als Elefanten seien (*die an Größe nicht viel unterhalb von Elefanten seien). 4. Ein Mensch, der seinen° Leidenschaften über das rechte° Maß hinaus nachgibt (dient), steht (*ist) nicht viel über dem Tier. 5. Die Germanen siedelten größtenteils jenseits des Rheines (auf der anderen Seite des Rheines; *von Gallien aus gesehen*). 6. Einem tüchtigen Bürger schwebt (*ist) das Wohl aller vor Augen; deswegen tut er nichts, was anderen schaden kann.

W 76 – 78

Aristeides (I)

Aristeides lebte zur selben Zeit (Pl.), als (*in der) Miltiades und Themistokles in Ansehen standen (*blühten). Diese Männer erreichte er an Liebe zum Vaterland, an Uneigennützigkeit und Gerechtigkeit übertraf er sie. Dadurch (*durch diese Sache) kam es (ereignete es sich), daß die Bürger ihn den Gerechten nannten.

Als die Perser ihr° Heer auf die Ebene von Marathon hinabführten, gehörte Aristeides zu den zehn Feldherren (*war A. in der Zahl der zehn Feldherren). So gelang es Aristeides und Miltiades, die Barbaren zu besiegen (daß sie ...).

Als Aristeides bald darauf zum Archonten gewählt worden war, stritt (kämpfte) er mit Themistokles um die Vorherrschaft. Jener nämlich strebte danach, daß die Flotte der Athener erweitert (gefördert / vermehrt) werde, Aristeides jedoch mahnte die Bürger, vor allem auf die Fußtruppen Wert zu legen (*daß sie am meisten ...)

Aristeides (II)

Als die beiden Männer einige Jahre untereinander gestritten hatten, bewirkte Themistokles durch seine Beredsamkeit (setzte er ... durch), daß Aristeides in die Verbannung geschickt wurde. Dieser Strafe unterzog er (jener) sich geduldig (nahm ... auf sich); denn als er einsah, daß die aufgebrachte (erregte) Menge nicht beschwichtigt werden könne, gab er sich keine Mühe, jenem ungerechtem Urteil zu entkommen (daß er ...). Er verließ also das Vaterland und begab sich auf die Insel Ägina (*besuchte ...). Als aber gemeldet worden war, daß Xerxes mit einem gewaltigen Heer Griechenland durcheile, erwies sich Aristeides als uneigennütziger und treuer Bürger.

Aristeides (III)

Denn als er erkannt hatte, daß die Barbaren mit ihrer° Flotte um die Insel Salamis herumfuhren, setzte er den Themistokles davon in Kenntnis, daß sie angekommen und daß die

Griechen umzingelt seien; und als Griechen und Barbaren bei Salamis eine sehr hitzige Schlacht lieferten, eroberte er selbst die Insel Psyttaleia.
Als dies geschehen war, forderte das Volk der Athener, daß Aristeides in das Vaterland zurückgerufen werde.
Von der Gerechtigkeit aber und von der Uneigennützigkeit des Aristeides gibt es viele Beispiele (*Beweise). Besonders durch seinen Gerechtigkeitssinn / seine Unparteilichkeit erreichte er (*setzte er durch), daß die Seeherrschaft von den Lakedämoniern auf die Athener überging; denn alle Staaten Griechenlands fürchteten sich (*schauderten) vor dem Hochmut der Lakedämonier und gehorchten Pausanias, ihrem (deren) Feldherrn, nur° ungern.

Aristeides (IV)
Aber Aristeides, der Anführer der Flotte der Athener, zeigte sich gegen alle Bundesgenossen mild und gütig. Daher ereignete es sich / geschah es, daß jene von den Lakedämoniern abfielen und sich die Athener zu Anführern gegen die Barbaren wählten.
Nachdem Aristeides bereits die höchsten Ehren erreicht hatte (*zu den ... hinaufgestiegen war), starb er, ungefähr 70 Jahre alt. Damals aber wurde klar, wie heftig die Athener seinen Tod betrauerten. Obwohl er lange die Staatskasse verwaltet und die höchsten Aufgaben im Staat ausgeführt (*übernommen) hatte, starb er trotzdem in so großer Armut, daß seine Töchter vom Staat finanziell unterstützt werden mußten°.

79

A 1. Orpheus sang so schön, daß alle Lebewesen seine (*dessen) Lieder hören wollten. 2. Als Eurydike, seine (*dessen) Gattin, tot war, wollte der Sänger (Dichter) nicht alleine leben (*sein° Leben führen / betreiben); er beschloß, Pluto aufzusuchen und das Mitleid der Unterirdischen mit seinen° Liedern zu erregen (*bewegen). 3. Er flehte die Unterirdischen an: „Verweigert nicht (lehnt nicht ab), was ich erbitte! Gebt mir° meine Gattin zurück! Ohne sie will ich nicht leben." 4. Die Götter der Unterwelt (die Unterirdischen) antworteten: „Wir gestehen dir zu, was du willst. Wisse jedoch: Wende dich unterwegs (auf dem Weg) nicht um!"
B 1. Christus mahnt uns, daß wir lieber Unrecht (er)tragen als anderen° zufügen (*tun) wollen. 2. Sokrates wollte nicht gegen die Gesetze handeln. 3. Wenn du sagst [Fut. II], was andere nicht hören wollen, wirst du hören, was auch du nicht hören willst. 4. Wir alle wünschen, daß die Bürger lieber den Frieden wollen als den Krieg. 5. Seneca sagte°: „Wenn du geliebt werden willst, liebe!" 6. Weil die Lakedämonier ihr° Vaterland verteidigen wollten, wollten sie lieber getötet werden als in Knechtschaft leben. 7. Nicht immer werdet ihr wollen, was ihr jetzt wollt. 8. Es verfällt der Skylla (*gerät in ... hinein), wer die Charybdis meiden will. 9. Den Willigen (*Wollenden) führt das Schicksal (Pl.), den Störrischen (*nicht Wollenden) schleppt es mit°. 10. Fast niemand ist so bescheiden, daß er nicht gelobt werden will. 11. Dem, der es° so° haben° will, geschieht kein (*nicht) Unrecht.
C 1. a) vis, velis, volebas, velles, voles. b) non vult, nolit, nolebat, nollet, nolet. c) mavultis, malitis, malebatis, malletis, maletis. 2. a) er / sie / es will b) du wirst nicht wollen c) sie würden lieber wollen d) wir hätten gewollt e) ihr wolltet f) sie hatten lieber gewollt g) lieber (zu) wollen. 3. ich will / ich fliege; sie werden wollen / sie mögen fliegen; du willst / die Kraft; du mögest lieber wollen / den Schlechten / durch die Übel.
D 1. Wer ist so habsüchtig, daß er lieber reich als gesund sein will? 2. Cäsar wollte lieber in einem (gewissen) Alpendorf der erste sein als in der Stadt Rom der zweite. 3. Wer

bescheiden gegen(über) Höherstehende(n) ist, bemühe sich, gerecht gegen(über) Untergebene(n) zu sein! 4. Ich möchte lieber allzu (sehr) furchtsam (er)scheinen als zu wenig klug. 5. Clodius wollte Volkstribun werden. 6. Cato wollte lieber gut sein als gut scheinen. 7. a) avarus – dives – sanus (1); primus – secundus (2); modestus – iustus (3); timidus – prudens (4); tribunus plebis (5); bonus – bonus (6). b) Bei einem Infinitiv, der die Objektstelle füllt, steht das Prädikatsnomen im Nominativ, da es zum Subjekt des Satzes kongruent ist.

80

A 1. Das Glück ist niemandem immer gewogen / begünstigt niemanden immer. 2. Den Guten schadet, wer die Bösen schont. 3. Die vornehmen Römer beschäftigten sich mit griechischer Wissenschaft (*bemühten sich um ...). 4. Die Besitzlosen (diejenigen°, die Mangel haben) pflegen die Reichen um ihren° Reichtum zu beneiden. 5. Miltiades wurde von Themistokles sehr um seinen° Ruhm beneidet. 6. Cato überredete seine° Mitbürger, Karthago zu zerstören (daß sie ...); er überzeugte seine° Mitbürger, daß die Macht Karthagos (der Karthager) den Römern gefährlich sei. 7. Wir sind überzeugt, daß durch die alten Sprachen das Gedächtnis geübt und die Begabungen ausgebildet werden; davon sind viele überzeugt. 8. Von Sokrates wurden die Bürger überzeugt, daß die Seelen unsterblich seien. 9. Sokrates konnte von seinen° Freunden nicht überredet werden, sein Leben zu schonen (daß er ...).

B 1. a) sie würden beneidet werden *(ihnen würde ein böser Blick zugeworfen werden)* b) wir werden überzeugt *(uns wird eingeredet)* c) ich wurde beneidet d) du bist beneidet worden e) ihr möget überzeugt werden f) ich war beneidet worden g) alle wurden überzeugt / sind überzeugt. 2. ich werde geschont *mihi parcitur;* du wirst geschont *tibi parcitur;* er / sie / es wird geschont *ei parcitur;* wir werden geschont *nobis parcitur;* ihr werdet geschont *vobis parcitur;* sie werden geschont *eis parcitur.* 3. eis favetur – eis faveatur – eis favebatur – eis faveretur – eis favebitur.

C 1. Alexander stand schon als junger Mann an der Spitze des Heeres (... befehligte ... das Heer). 2. Immer wenn ihr im Unglück wart, kamen wir euch zu Hilfe. 3. a) Fromme Menschen sind überzeugt, daß die Götter für die menschlichen Belange (*Dinge) sorgen. b) Die Alten befragten oft die Orakel über die Zukunft. 4. a) Die Seherin Kassandra sah das Verderben der Trojaner vorher. b) Sorgt für euer Wohl und das° der Euren! 5. a) Alexander mäßigte seinen° Jähzorn (Zorn) zu wenig. b) Die Athener baten Solon, den Staat durch gerechte Gesetze zu ordnen (daß er ...).

D 1. Seid überzeugt, daß ihr nicht für die Schule, sondern fürs Leben lernt! 2. Allein (für) Gott sei° die Ehre! 3. Für die zu spät Kommenden gibt° es° nur° noch° die Knochen! 4. O Leben, zu° lang für einen Unglücklichen, zu° kurz für einen Glücklichen!

E 1. Der Feldherr (Führer) stellte die Soldaten vor dem Lager auf. 2. Einer sprach für alle. 3. Ein Legat im Rang (*an Stelle) eines Prätors wurde in die Provinz geschickt. 4. Sparta hatte keine (*nicht) Mauern; dort dienten (*waren) die Männer als Mauern. 5. Cäsar sagt, die Helvetier hätten gemeint, daß sie im Verhältnis zu ihrer° Bevölkerungszahl und ihrem° Kriegsruhm (entsprechend der Menge ihrer° Menschen und entsprechend dem Ruhm des Krieges) ein zu° kleines (*enges) Gebiet hätten.

81

A 1. Nicht immer bringt uns Lob, was uns Nutzen bringt. 2. Die Leidenschaften bringen vielen Schaden / fügen ... zu. 3. Mir liegen deine Fortschritte am Herzen / mir liegt am Herzen, daß du gut (*viel) vorankommst. 4. Die Gallier pflegten alles (Pl.) ins Feuer zu werfen (*hineinzulegen) und zusammen mit den Verstorbenen zu verbrennen, was diesen° zu ihren° Lebzeiten sehr am Herzen gelegen war. 5. Solon lag die Eintracht der Bürger überaus am Herzen / S. war sehr bedacht auf die Eintracht der Bürger. 6. Leute°, die die Menschen hassen, werden von ihnen (*von den Menschen) gehaßt. 7. Ich hasse die Römer und werde von ihnen gehaßt. 8. Dem Themistokles wurde zum Vorwurf gemacht, daß er dem Xerxes einen Brief geschrieben hat. 9. Pyrrhos kam den Tarentinern vergeblich zu Hilfe. 10. Cäsar ließ die elfte Legion zum Schutz des Lagers zurück. 11. Warum seid ihr uns nicht zu Hilfe gekommen? Wir konnten euch nicht zu Hilfe eilen, weil die Wege von Schneemassen dicht bedeckt waren. 12. Kroisos schenkte dem pythischen (= delphischen) Apollon viele goldene und silberne Gegenstände (gab ... zum Geschenk). 13. Ihr müßt anderen ein Beispiel sein. 14. Diejenigen werden von uns sehr / in höchstem Maße bewundert, die nicht für sich, sondern für andere leben.

B Sittenverfall in Rom. 1. Jenen alten Römern brachte Sparsamkeit hohes (großes) Lob, da sie einfache Bauern waren. 2. Nachdem aber Reichtum Ehre einzubringen und Armut als Schande zu gelten begann, wurden die Sitten der Römer verdorben. 3. Denn denen, die Anstrengungen und Gefahren leicht ertragen hatten, wurde die Verschwendungssucht (Üppigkeit) zu einer Last und brachte° Schaden. 4. Dafür (für diese Sache) dient zum Beweis das Heer, das L. Cornelius Sulla nach Kleinasien geführt hat. 5. Seinen (*dessen) Soldaten nämlich war der Reichtum Kleinasiens ein Gegenstand so großer Bewunderung und so großen Neides, daß sie weder Maß noch Mäßigung zeigten (*hatten). 6. Wer ließ sich damals das Wohl des römischen Staates nicht überaus angelegen sein? / Wem lag ... nicht sehr am Herzen? / Wem bereitete ... nicht sehr große Sorge?

C 1. Böse Menschen° werden die guten immer hassen. 2. Du wirst aufhören, deinen° Nächsten (*den anderen) zu hassen, wenn du ihn gründlich kennengelernt hast [Fut. II]. 3. Thales sagte zu einem (*gewissen), der° ihn fragte, was das Schwierigste sei: „Sich selbst zu kennen.“ 4. coeperunt, coeperitis, coeperamus, coepisset, coeperim/coepero, coepisse. 5. consuevimus, consueverant, consueverit, consuevisse; novistis, noveris, noveramus, noverim/novero, noveris, novissem, novisse.

W 79/81

Perikles (I)

Als Perikles anfing, politisch tätig zu sein, war Kimon der erste Mann des Staates. Dieser begünstigte die adligen und wohlhabenden Bürger, obwohl er mit großer Freigebigkeit auch das Volk für sich zu gewinnen wünschte, und er arbeitete darauf hin (bemühte sich darum), daß die Aristokraten den Staat lenkten und leiteten.

Aber Perikles wollte das Volk an sich ziehen und dessen Macht vermehren. Deshalb stritten diese zwei Männer hauptsächlich untereinander und waren einer dem anderen feind (der Feind des anderen). Kimon nämlich war der Freund der Lakedämonier und setzte sich für deren Vorteile mit höchstem Eifer ein (*begünstigte ...), da er glaubte, daß ein Bündnis aller Griechen dem Vaterland von größtem Nutzen sei.

Perikles (II)

Doch Perikles mahnte die Athener, sich vor den Lakedämoniern in Acht zu nehmen (daß sie sich ... hüteten). Denn er war überzeugt, daß jene die Athener um ihre Macht beneideten und sich nicht um das gemeinsame Wohl der Griechen sorgten.
Deshalb riet Perikles, als die Lakedämonier um Hilfe gegen die Messenier baten, seinen° Mitbürgern, diesen nicht zu Hilfe zu kommen (daß sie ...). Kimon aber überredete das Volk, den Lakedämoniern zu Hilfe zu kommen (daß sie ...).
Aber als jene die Hilfstruppen der Athener schimpflich nach Hause geschickt hatten, wurde diese Schande dem Kimon zum Vorwurf gemacht und er selbst in die Verbannung geschickt.

Perikles (III)

Seit dieser Zeit begann Perikles die Bürgerschaft zu leiten und ordnete den Staat durch solche Gesetze und Einrichtungen, daß der Staat der Athener auf jede Art und Weise (Pl.) vorbereitet war.
Nachdem jene lange Mauer gebaut, die Schiffe wiederhergestellt und neue hinzugefügt waren, lag es Perikles sehr am Herzen, daß möglichst viele Staaten sich dem Bündnis mit den Athenern anschlössen; dies war nämlich° für die Athener von Nutzen. Denn in allen Kriegen, die die Athener mit auswärtigen Völkern geführt haben, brachte (*erwarb) Perikles dem Staat sowohl größten Nutzen als auch größten Ruhm.

Perikles (IV)

Aber auch die inneren Angelegenheiten leitete er mit höchster Klugheit und Umsicht. Denn er ordnete den Staat durch Einrichtungen und Gesetze so, daß alles (Pl.) in der Macht des Volkes war und allen Bürgern Athens gleiches Recht zugeteilt wurde.
Daher gelang es Perikles, daß er im Staat das höchste Ansehen hatte und keiner (*und nicht irgendeiner) von den Zeitgenossen ihm ebenbürtig (gleich) war. Denn er sorgte nicht nur dafür°, daß der Staat der Athener im Handel, im Reichtum, im Heer und in der Flotte die übrigen Staaten der Griechen übertraf, sondern durch seine (*dessen) Bemühung (* Mühe) geschah es auch, daß Athen die Heimat und der Sitz der Künste und Wissenschaften war und viele Bürger sich der Philosophie und den Wissenschaften widmeten.
Dies alles (Pl.) kann zum Beweis dienen, daß niemand den Athenern größeren Ruhm brachte als Perikles.

Wie Scipio einen besiegten Feind behandelt (I)

Eine Gefangene wurde von den Soldaten zu Scipio (hin)geführt, eine junge Frau (*erwachsenes Mädchen), die sich durch ihre° Gestalt vor den übrigen Mädchen° (*an den übrigen vorbei) so sehr auszeichnete, daß sie wegen ihrer Schönheit von allen bewundert wurde. Als Scipio sie nach (*über) ihrer° Heimat und ihren° Elten fragte, erfuhr er unter anderem (*unter übrigem; Pl.), daß sie mit einem Fürsten der Keltiberer verlobt war; der junge Mann hieß Allucius (*dem jungen Mann war der Name ...). Nachdem die Eltern und der Verlobte sogleich herbeigeholt worden waren, vernahm (hörte) Scipio, der junge Mann sehne sich Tag und Nacht (Pl.) nach dem Mädchen und gehe aus Liebe zu seiner Verlobten beinahe zugrunde. Er wandte sich zu Allucius und sagte:

Wie Scipio einen besiegten Feind behandelt (II)

„Es wäre schicklich (*es würde sich gehören), daß du mich aufsuchst und Wohlwollen erbittest vom römischen Feldherren. Verzweifle nicht an der Rettung! Beweine dein Schicksal nicht! Unversehrt° bewahrt ist bei mir deine Verlobte. Denn das römische Volk bestraft seine° Feinde nicht, sondern erweist (*gewährt) sich als großherzig und gütig gegen Besiegte. Daher gebe ich dir das Mädchen unverletzt zurück. Diesen Lohn allein (* als einzigen) fordere ich für dieses Geschenk: Mögest du dem römischen Volk ein Freund sein und, wenn du mich für einen tüchtigen Mann hältst, so° mögest du wissen, daß noch° viele Leute meinesgleichen im römischen Staat sind."

Wie Scipio einen besiegten Feind behandelt (III)

Als der junge Mann die rechte Hand° Scipios hielt und° nur daran dachte (*dies allein bedachte), daß er seine° Verlobte wieder gewann (*fand), betraten die Eltern des Mädchens das Feldherrnzelt, wobei sie eine große Menge Gold herbeibrachten. Sie / Diese begannen Scipio zu bitten, daß er das Gold als Geschenk annehme. Scipio jedoch ließ das Gold vor ihre° Füße legen (befahl, daß ... gelegt werde) und sprach zu dem herbeigerufenen Allucius: „Über die Mitgift hinaus, die du von deinem° Schwiegervater zu empfangen erwartest (*vorhast zu empfangen), wird dies (Pl.) für dich als Geschenk (Pl.) von mir hinzukommen (*hinzutreten)." Dann befahl er ihm, das Gold aufzuheben.

82

A 1. a) Einige Knaben sind da. b) Zwei Knaben sind da. 2. a) Wer fehlt (ist abwesend)? b) Wer (von zweien) fehlt? 3. a) Alle sind da. b) Jeder (von zweien) ist da / beide sind da. 4. a) Niemand fehlt. b) Keiner (von zweien) fehlt. 5. a) Die einen schreiben, die anderen lesen. b) Der eine (von zweien) schreibt, der andere liest.

B 1. Alexander und Cäsar waren sehr berühmte Männer. 2. Wer lebte länger? 3. Wessen Leben wurde gewaltsam (durch Gewalt) beendet? 4. Wem gelang es, die äußersten Gegenden (*Teile) der Erde zu erreichen (daß er an ... gelangte)? 5. Welchen (welchen der zwei Männer) bewunderten die Menschen des Altertums (*die Alten) mehr?

C 1. Solon verfaßte (schrieb) Gesetze für die Athener, Lykurg für die Spartaner. 2. Beide verpflichteten die Bürger, die Gesetze nicht zu ändern (daß sie ... nicht änderten). 3. Beider Gesetze hatten lange Zeit Bestand (*blieben lange). 4. Nicht alle Bürger begünstigten beide / waren beiden gewogen. 5. Beide lobte die Nachwelt. 6. In beiden Städten wurden jenen Männern Statuen errichtet.

D 1. Sowohl Dareios als auch Xerxes trachteten (strebten) danach°, die Griechen zu unterjochen (bezwingen). 2. Aber keiner konnte die Griechen unterwerfen. 3. Beider Heere waren nicht siegreich (die Heere von keinem waren siegreich; victor *ist hier adjektivisch zu übersetzen*). 4. Keinem gelang es, die Griechen völlig zu besiegen (daß er ...). 5. Die Griechen wollten nicht, daß einer von ihnen über sie herrsche (... wollten, daß keiner ...). 6. Von beiden wurde ein Sieg über die Griechen nicht errungen (von keinem wurde ... errungen).

E 1. Die Gefangenen sind ohne jede (ohne irgendeine) Hoffnung; wenn es auf irgendeine Weise geschehen (*eintreten) kann, werden wir sie befreien. 2. Ohne Tugend können wir weder Freundschaft noch irgendeine andere erstrebenswerte Sache erreichen (*für uns erwerben). 3. Oft seid ihr ohne irgendeinen Grund fröhlich. 4. Einer bedarf der Hilfe des anderen. 5. Du sollst deinen° Nächsten (*den anderen) lieben wie dich selbst! 6. Aus zwei Bergen Italiens brechen manchmal Feuer und Asche (Pl. Feuerströme und Aschenregen) hervor; der Name des einen ist Vesuv, der° des anderen Ätna (der eine heißt ...) 7. Von den Athenern begünstigten die einen den Themistokles, die anderen den Aristeides.

83

A 1. Die Vorschriften des Rechts sind folgende (*diese): anständig leben, den Nächsten (*den anderen) nicht verletzen, jedem das Seine zuteilen. 2. Die Natur zwingt jeden von uns zu lernen. 3. Jeder will, daß seine Kinder gut unterrichtet werden. 4. Die Eltern wählen gerade die besten als Lehrer. 5. Das Beste ist immer° das Seltenste / Gerade das Beste ist immer am seltensten. 6. Nur° sehr schwer beurteilt jeder sich selbst° richtig (... urteilt jeder über ...). 7. Wir müssen darauf° achten (sehen), nicht nur was jeder spricht, sondern auch was jeder denkt (*meint). 8. Die Pythischen Spiele wurden zuerst alle acht Jahre (*in jedem neunten Jahr), später alle vier Jahre (*in jedem fünften Jahr) gefeiert.
B 1. Alle Tiere haben ihre Behausung (jedes beliebige Tier hat seinen Wohnsitz). 2. Ihr dürft nicht alles sagen (*es ist euch nicht erlaubt, jedes beliebige zu sagen). 3. Die Dichter können jede beliebige Geschichte erfinden (*erdichten). 4. Wir können nicht über jede (beliebige) Sache urteilen. 5. Sokrates wollte lieber jedes beliebige Unrecht ertragen als selbst irgendeinem ein Unrecht zufügen (*irgendeinen mit Unrecht versehen).
C 1. Wer auch immer du bist, ich werde dir helfen. 2. Alles, was gut ist, gewähren die Götter nicht ohne (irgend)eine Anstrengung. 3. Wohin auch immer du gehst [Fut.], ich werde mit dir gehen. 4. Wieviel auch immer ein Mensch gewollt hat, wieviel auch immer er besessen hat, über wieviele Sklaven auch immer er geherrscht hat (*wievielen ... er befohlen hat), er läßt alles (Pl.) zurück, wenn er aus dem Leben scheidet. 5. Wen (auch immer) das Unglück sucht, den° findet es leicht. 6. Jeder Konsul, der einen großen Sieg errungen (*erworben) hatte, wurde mit einem Triumphzug geehrt. 7. Alles, was erschaffen worden ist, muß irgendwann wieder° untergehen (es ist nötig, daß alles, was ..., ... untergeht). 8. Alles, was (Pl.) du versprochen hast, mußt du halten (*leisten). 9. Mögen dir die Götter für deine Verdienste alles geben, was (Pl.) du wünschst.
D 1. Quicumque litteris student, ... Alle, die sich um die Wissenschaft bemühen, sind niemals allein. 2. Quaecumque pro amicis toleramus, ... Alles, was (Pl.) wir für die Freunde erdulden, wollen wir gern erdulden! 3. Quidquid tuum est, ... Alles, was dein ist, wird einmal ein anderer besitzen. 4. Quoscumque vocaveras, ... Alle, die du gerufen hattest, hast du wieder° entlassen. 5. Quaecumque habemus, ... Alles, was (Pl.) wir haben, schulden wir euch.

W 82/83

Romulus und Remus (I)

Alle, die über die Anfänge / Ursprünge der Stadt Rom erzählen, müssen auch° über die Brüder Romulus und Remus sprechen (*Worte machen); sie beide (*beide von diesen) waren Söhne des Gottes Mars und der Rhea Silvia, einer vestalischen Jungfrau. Wer von ihnen (beiden) hat Rom gegründet? Auf wessen Betreiben (*Eifer) ist der älteste Teil der Stadt Rom erbaut worden? Hört alles, was ich erzählen werde! Beide Brüder (jeder von beiden Brüdern) wurden auf Befehl des Königs Amulius ausgesetzt, beide säugte eine (*gewisse) Wölfin (beiden bot eine Wölfin ihre° Brüste dar; beide ernährte eine Wölfin mit ihren° Eutern), beide fand der Hirt Faustulus.

Romulus und Remus (II)

Als Romulus und Remus herangewachsen waren, töteten sie den König Amulius. Dann hatten sie im Sinn, eine neue Stadt zu gründen. Beide hielten Auspizien (eine Vogelschau) ab: Romulus auf dem Palatin, Remus auf dem Aventin. Nach Abhaltung der Auspizien / Nachdem sie die Auspizien abgehalten hatten, schickten dem einen von ihnen, nämlich° Romulus allein, die Götter zwölf Vögel, dem anderen aber, Remus, erschienen nur sechs Vögel. Von dem einen also allein, Romulus, empfing die neue Stadt den Namen ‚Rom', aber Remus wird keiner Stadt Gründer genannt.

Romulus und Remus (III)

Romulus beschloß, die neue Stadt mit einer Mauer zu umgeben und sprach: „Niemals wird es einem (keinem wird es jemals) erlaubt sein, die Mauern meiner Stadt zu überspringen. Jeder, der meine Stadt auf welche Weise auch immer verletzt (hat) und ihre (*deren) Mauer überspringt (übersprungen hat), wird mit dem Tode bestraft werden." Aber Remus, der alle Worte, die sein Bruder sprach, verlachte, übersprang die Mauer und wurde von Romulus getötet.

Romulus und Remus (IV)

Weil es in der Stadt keine Frauen gab, lud Romulus die Einwohner der benachbarten Städte ein, damit sie festliche (vielbesuchte) Spiele betrachteten. Viele Sabiner waren mit ihren Frauen und Töchtern anwesend; diese überfielen die Römer während der Spiele und raubten sie°; und keine (Pl.) wurde übersehen (*vernachlässigt). Als aber die Sabiner unter ihrem König Titus Tatius die Römer bekriegten (*den Römern Krieg machten), wollten die Frauen und Töchter keinen von beiden (Pl.), weder die sabinischen Väter noch die römischen Ehegatten, im Stich lassen. (Und) nachdem so Frieden zwischen beiden Gruppen° geschlossen worden war, hatten die einen die Römer zu Verwandten, die anderen die Sabiner zu neuen Freunden.

84

A 1. Geistige Leistungen bleiben, körperliche Kräfte werden hinfällig. 2. Das Haus des Konsuls (= das Haus, das der Konsul besitzt) ist sehr schön. 3. Dieses wunderschöne Haus gehört dem Konsul. 4. Es ist nicht erlaubt, das° zu begehren (erstreben), was einem anderen gehört. 5. Alles, was dir gehört / dein ist, wird einmal einem anderen gehören. 6. Die Römer besaßen bis zum ersten Punischen Krieg keine Provinz; nach diesem Krieg wurde (die Insel) Sizilien Eigentum der Römer. 7. Die Karthager brachten Spanien in ihre Gewalt. 8. Spanien wurde Eigentum / kam in die Gewalt der Karthager. 9. Wesenszug eines standhaften Menschen° ist es, in schwierigen (*rauhen) Dingen sich nicht verwirren zu lassen (nicht verwirrt zu werden). 10. Charakteristisch für einen weisen Mann° ist es (Zeichen eines ... ist es), sich nur von der Vernunft leiten zu lassen (geleitet zu werden). 11. Pflicht des Menschen ist es, die Leidenschaften zu beherrschen (*den Leidenschaften zu befehlen). 12. Es ist Merkmal eines klugen Mannes°, nichts zu versprechen, was er nicht einlösen kann.

B 1. Als Alexander starb, war er 32 Jahre alt. 2. Das Jahr hat zwölf Monate. 3. Die Flotte des Xerxes bestand aus 1200 Schiffen; die Flotte der Griechen zählte ungefähr 400 Schiffe. 4. Die Knaben legten im Alter von 15 Jahren die Männertoga an (*die 15jährigen Knaben nahmen ...). 5. M. Porcius Cato war ein Mann von großem (viel) Fleiß und großer Ausdauer (*Anstrengung). 6. Hannibal befand sich (*war) bereits als neunjähriger Knabe mit seinem° Vater im Lager. 7. Marius entstammte dem Ritterstand, Sulla dem Senatorenstand. 8. Großer Reichtum, Körperkraft und° alle anderen derartigen Dinge (alles andere Derartiges; Pl.) gehen bald zugrunde; doch die hervorragenden Taten des Geistes (*der Begabung) sind wie die Seele unsterblich. 9. Die Zeit ist eine sehr wertvolle Sache; denn alles (Pl.) gehört, wie Seneca sagt, einem anderen, nur die Zeit gehört uns.
C 1. Angenehme Freunde sind, wie Cicero sagt, weniger wert als strenge Freunde; diese nämlich sagen oft die Wahrheit (*das Wahre), jene niemals. 2. Reichtum, der von den meisten sehr hoch (ein)geschätzt wird, ist nicht soviel / ebensoviel wert wie ein gutes Gewissen. 3. Wie hoch jeder sich selbst einschätzt, so hoch wird er von den anderen eingeschätzt. 4. Nichts müssen wir höher schätzen als die Gerechtigkeit. 5. Die Tugend der Beständigkeit schätzten die Römer sehr hoch. 6. Wer hochmütig seinen Nächsten (*den anderen) geringschätzt, ist selbst nichts wert. 7. Ein Kaufmann, der eine Sache nicht teurer verkauft, sondern ebenso teuer wie er sie° selbst gekauft hat, macht keinen Gewinn. 8. In ungewissen Situationen (*Dingen) ist Beherztheit (Kühnheit) am meisten wert.

85

A 1. Die Reden Ciceros sind sehr bekannt. ⟷ Die Reden, die Cicero (Subj.) gehalten hat, sind sehr bekannt. 2. Die Hoffnung der Völker auf Frieden ist groß. ⟷ Die Völker erwarten (erhoffen) sehr den Frieden (Obj.). 3. Die Feinde fürchten die Römer: Die Furcht der Feinde ist ihnen selbst (= den Feinden) verderblich; denn die Furcht vor den Römern verwirrt die Feinde (= sie ist den Feinden verderblich). ‚*Metus hostium*' wird (*im Lat.*) gesagt, sowohl wenn die Feinde fürchten, als auch wenn sie gefürchtet werden. 4. Die Unkenntnis der Zukunft ist nützlicher als das Wissen um° sie°. 5. Durch den Umgang mit schlechten Menschen wirst du selbst schlecht werden. 6. Der Umgang mit guten Menschen macht die Menschen gut. 7. Angenehm ist die Erinnerung an vergangene Anstrengungen. 8. Nach den Bürgerkriegen war die Sehnsucht nach Frieden bei (*in) allen Römern groß. 9. Die Hoffnung auf Frieden werden wir niemals aufgeben (*niederlegen). 10. Cicero wurde als Verbannter von größter Sehnsucht nach der Heimat und nach den Seinen gequält. 11. Wir werden immer die Erinnerung an euch bewahren. 12. Blinde Eigenliebe (Liebe zu sich) schadet. 13. Gleichmut ist das beste (*größte) Heilmittel gegen den Zorn eines anderen (gen. subi.) / ... auf einen anderen (gen. obi.). 14. Schlecht wird alles ausgeführt, was im Vertrauen auf das Glück (im Glauben an ...) ausgeführt wird. 15. Ein Heilmittel gegen erlittenes Unrecht (... erlittene Beleidigungen) ist das Vergessen.
B 1. Groß war einst der Respekt vor einem grauen Haupt. 2. Es wächst die Liebe zum Geld in° dem° Maß°, wie das Geld selbst wächst. 3. Die Guten hassen es, einen Fehltritt zu tun (zu fehlen), aus Liebe zur Tugend. 4. Laß ab von der Todesfurcht (... Furcht vor dem Tode); denn es ist dumm, zu (*in) jeder Zeit, weil du ja den Tod fürchtest (aus Furcht vor dem Tod), die Freuden des Lebens aufzugeben (zu verlieren). 5. Verachte nicht die Kräfte eines schwachen Körpers: durch Klugheit (*Rat) ist der° stark, dem die Natur die Kraft verweigert hat.

86

1. Als Sokrates einmal eine große Menge Gold und Silber sah (gesehen hatte), rief er aus: „Wie vieles (Pl.) doch° brauche ich nicht (... vermisse ich nicht)!" 2. Gib mir einen Becher Wein! 3. Ein beträchtliches Stück° Zeit und Mühe (ziemlich viel ...) müssen wir aufwenden (*verbrauchen), wenn wir in der Wissenschaft ein Stück vorankommen (etwas ausrichten) wollen. 4. Welchen Plan hast du gefaßt? 5. Das Volk der Böotier besaß (*im Volk der Böotier waren) mehr Kräfte als Begabung. 6. Afrika erzeugt in unseren Zeiten weniger Getreide als in alten Zeiten°. 7. Ein Kaufmann, der seine° Waren schlecht verkauft, macht wenig oder gar° keinen Gewinn. 8. Als Pythagoras in der Geometrie etwas Neues gefunden hatte, soll er den Musen einen Ochsen geopfert haben (wird gesagt, daß er ... geopfert hat). 9. Tut nichts Böses! 10. Viel Ehre bedeutet° viel Last. 11. Tarquinius Superbus war der siebente und letzte König der Römer. 12. Die Pythia sagte, Sokrates sei der Klügste aller Griechen (daß Sokrates ... sei). 13. Gallien als Ganzes läßt sich in drei Teile gliedern (ist in drei Teile geteilt), deren einen die Belger bewohnen, den zweiten (*den anderen) die Aquitanier, den dritten die° Stämme°, die in ihrer eigenen Sprache ‚Kelten', in unsrer Sprache° ‚Gallier' heißen (genannt werden). 14. Sizilien war die erste Provinz des römischen Volkes. 15. Welcher Sterbliche macht keinen (*nicht) Fehler? 16. Wer von euch kennt den Namen des gefeiertsten griechischen Dichters nicht? 17. Niemand von uns ist mit seinem Schicksal zufrieden. 18. Alexander ging soweit (*dorthin) in seinem Jähzorn, daß er seinen° Freund tötete.

87

1. Alljährlich werden viele Menschen wegen verschiedener Verbrechen angeklagt, überführt und° verurteilt, z. B. wegen Diebstahls, wegen Mordes und° wegen anderer Rechtsbrüche (Unrechtstaten). 2. Die Athener konnten dem Philosophen Anaxagoras, als er wegen Gottlosigkeit angeklagt worden war, kein Verbrechen nachweisen; er wurde also von der Anklage auf Leben und Tod freigesprochen [PPP] und° nicht einmal mit einer Geldbuße bestraft. 3. Sokrates wurde, nachdem er völlig widerrechtlich angeklagt worden war, zum Tode verurteilt. 4. Den abwesenden Alkibiades belangten die Athener gerichtlich wegen Religionsfrevels; nachdem er gehört hatte, daß er zum Tode verurteilt (worden) war, eilte er nach Sparta (*suchte er Sparta zu erreichen). 5. Durch seine° Wachsamkeit erreichte es Cicero (*setzte ... durch), daß Catilina und seine (dessen) Gefährten wegen Verrats angeklagt und zum Tod verurteilt wurden. 6. Cäsar konnte es° nicht fertigbringen, daß die Gefährten Catilinas von der Anklage auf Leben und Tod freigesprochen wurden. 7. In der Kaiserzeit (*in den Zeiten der Kaiser) wurden viele Menschen wegen Majestätsverletzung gerichtlich belangt und sehr schwer bestraft; nur° wenige wurden von der° Anklage° der Majestätsverletzung freigesprochen. 8. Der Verbrecher wird von der Anklage auf Leben und Tod freigesprochen, aber° dennoch mit einer Geldbuße bestraft. 9. Wenn einer, um sich um ein Amt zu bewerben [Part. Fut.], eine Menge Menschen angeworben hatte, wurde er wegen gesetzwidriger Amtserschleichung verurteilt und auf eine Insel verbannt („*deportiert*"). 10. Wegen Urkundenfälschung Überführte wurden mit Verbannung bestraft. 11. Diejenigen, die eine Wasserleitung beschädigt (zerstört) hatten, pflegten zu einer sehr hohen (*großen) Geldstrafe verurteilt zu werden.

88

A 1. Erinnert euch euerer° Vorfahren! 2. Vergeßt euere° Vorfahren nicht (*seid nicht uneingedenk euerer° Vorfahren)! 3. Erinnert ihr euch an diesen Menschen? 4. An jene Sache / an jenes erinnere ich mich gut. 5. Wer von euch erinnert sich noch° an uns? 6. An diese Dinge° / daran werde ich mich immer erinnern. 7. Denkt an die Wohltaten euerer° Eltern (*seid der Wohltaten ... eingedenk)! 8. Es ist unklug, die Fehler eines anderen zu sehen, die eigenen aber° zu vergessen (*der eigenen aber uneingedenk zu sein). 9. Täglich soll ein Sklave während der Mahlzeit Dareios an das von den Athenern empfangene Unrecht mit folgenden (diesen) Worten erinnert haben (es wird gesagt, daß ...) : „O König, denke an die Athener (erinnere dich der Athener)!"

B 1. Ein tüchtiger Mann schämt sich eines Fehlers / wegen eines Fehlers. 2. Ich schäme mich wegen meines Leichtsinns. 3. Schäme dich, dies zu tun! 4. Dies reut uns. 5. Schäme dich deswegen! 6. Uns reute unser Unrecht. 7. Möge es dich nicht reuen, harte Anstrengungen auf dich genommen zu haben! 8. Ein (gewisser) Philosoph antwortete auf die Frage (gefragt), warum er schweige: „Gesprochen (*Worte gemacht) zu haben hat mich schon oft gereut, geschwiegen zu haben niemals."

C 1. Einem weisen Mann liegt wenig daran, die Zukunft kennenzulernen (zu erkennen). 2. Was war für den Vater am wichtigsten / woran lag ... am meisten? 3. Woran wird euch am wenigsten liegen? 4. Es ist nicht nur für mich, sondern auch für dich wichtig, mit wem du Freundschaft und Umgang pflegst (*mit wem dir ... ist). 5. Allen Guten muß etwas daran liegen, daß die Bösen durch die Gesetze in Schranken gehalten (*gezügelt) werden. 6. Cäsar pflegte zu sagen, daß es weniger für ihn als für den Staat wichtig sei, daß er gesund sei. 7. Daß es euch gut geht / daß ihr gesund seid, ist für mich von größter Wichtigkeit. 8. Für den Philosophen Theophrast war es sehr wichtig, sich in jeder Wissenschaft zu unterrichten (... unterrichtet zu werden). 9. Er (*derselbe) soll sterbend die Natur folgendermaßen / so beschuldigt haben (es wird gesagt, daß er ...): „Hirschen und Krähen, für die das durchaus nicht / in keiner Weise wichtig ist, hat die Natur ein langes Leben gegeben; den Menschen aber°, für die dies sehr wichtig ist, hat sie ein kurzes Leben gegeben."

D 1. Zwischen den Hügeln liegt (*ist dazwischen) ein kleiner See. 2. Warum nimmt dein Freund nicht an dem Gastmahl teil? 3. Welcher Unterschied besteht (*ist) zwischen Klugheit und Weisheit? 4. Es ist ein großer Unterschied, ob° man nur° nach dem Aussehen (*durch die Miene) oder von Natur aus weise ist (ob° du ... weise bist; *d. h. ob man nur den Anschein erweckt, weise zu sein, oder ob man es wirklich ist*).

89

A 1. Cäsar überliefert, daß die Gallier immer begierig sind auf eine Veränderung der Verhältnisse. 2. Viele Römer waren der griechischen Sprache kundig. 3. Niemand kann in allen Dingen erfahren sein. 4. Manche Menschen sind wirklichkeitsfremd (*unkundig der Dinge). 5. Sokrates pflegte zu sagen, daß er unwissend in allen Dingen sei. 6. Es ging (*war) das Gerücht, daß Cäsar von der Verschwörung des Catilina wußte. 7. Ein des Richtigen bewußter Verstand / ein Verstand, der das Richtige kennt, lacht über die Lügen eines Gerüchts. 8. Die Guten erinnern sich an Wohltaten (*sind ... eingedenk), vergessen aber° Beleidigungen (*sind aber° ... uneingedenk). 9. Es steht fest, daß der Mensch allein im Besitz der Vernunft und der Fähigkeit zu sprechen (*der Rede) ist, daß die übrigen Lebewesen aber° daran° keinen Anteil haben. 10. Wie oft sind wir ratlos (*ohne Rat)! 11. Oft ist der ratlos, der die Gesetze nicht kennt (... unwissend in den Gesetzen ist).

B 1. Viele Hunde sind sehr menschenliebend. 2. Sokrates war nicht nur der Weiseste von allen, sondern besaß auch die größte Fähigkeit, Mühen zu ertragen, und liebte sein° Vaterland am meisten. 3. Alle Menschen müssen wahrheitsliebend sein. 4. Wer (Pl.) pflichtvergessen und arbeitsscheu ist, schadet sowohl sich als auch dem Staat. 5. Die griechischen und lateinischen Schriftsteller haben viele Männer dargestellt, die ihr° Vaterland sehr liebten und nach Ruhm strebten.
C 1. Der Tod ist jeder Altersstufe (*jedem Alter) gemeinsam. 2. Freunden ist alles (Pl.) gemeinsam. 3. Die Helvetier konnten es mit dem Heer der Römer nicht aufnehmen (... konnten ... nicht gewachsen sein). 4. Die Strafe soll der Schuld / dem angerichteten° Schaden entsprechen! 5. Der Hund ist dem Wolf nicht unähnlich. 6. Es ist wahrscheinlich, daß unsere° Freunde in kurzem zu uns kommen werden. 7. Unähnlich sind° bei° allen° Menschen° Stimme, Aussehen (*Miene), Leben(sweise) und° Absichten (*Wille).
D 1. Der erste Monat des Jahres war dem Gott Janus geweiht. 2. Der Lorbeerbaum galt als dem Apollon, der Ölbaum als der Athene heilig / man glaubte, daß ... dem Apollon, ... der Athene heilig war. 3. Welchen Göttern war das Kapitol geweiht? 4. Welche Tugenden sind für einen führenden Mann bezeichnend (*wesenhaft)? 5. Die Tugend der Uneigennützigkeit war ein Wesenszug des Aristeides. 6. Ein Wesenszug des Menschen ist das Bewußtsein um Gut und Böse. 7. Welche Eigenschaften (Tugenden) waren für die alten Römer bezeichnend (*eigentümlich), welche für die alten° Griechen?

W 84 – 89

Demosthenes (I)

Von allen griechischen Rednern ist keiner berühmter als jener Athener Demosthenes. Sein (dessen) Vater war sehr reich gewesen. Als jener vorzeitig gestorben war, wurde der große Reichtum Besitz (Eigentum) des Sohnes. Aber unehrliche (*böse) Vormünder vergeudeten (*verbrauchten) alles, was Eigentum des Knaben war. Als Demosthenes also erfahren hatte, daß er arm geworden sei (*gemacht worden war), verzweifelte er nicht, sondern sagte: „Nun wird es meine Aufgabe sein, durch meine eigenen Kräfte mir Geld zu erwerben (schaffen)."
Er hoffte nämlich, daß er durch das Studium der Beredsamkeit Ansehen haben werde. Aber da er eine schwerfällige Zunge und eine schwache Stimme besaß, schien er für die Redekunst nicht geeignet zu sein.

Demosthenes (II)

Dennoch war Demosthenes so eifrig im Reden und besaß so großen Fleiß, daß er alle Hindernisse seiner° Natur überwand. Er war auch sehr erfahren (kundig) im Recht; daher wurde er von den meisten sehr hoch (aufs höchste) geschätzt. Aber die Angst seiner Gegner vor seiner Beredsamkeit war sehr groß.
Zugleich führte er (*derselbe führte) nicht nur viele Prozesse aufs beste (hervorragend), sondern sprach auch, bewegt von seiner° Liebe zum Vaterland, oft in Volksversammlungen, als Philipp, der König der Makedonen, getrieben von Herrschbegierde, ganz Griechenland in seine Gewalt zu bringen versuchte (*sich bemühte); gegen ihn hielt Demosthenes viele Reden.

Alexander der Große (I)

Alexander, der Sohn Philipps, des Königs der Makedonen, zeigte sowohl durch die Vorzüge seines° Körpers als auch seines° Geistes eine königliche Natur. Er war nämlich unter allen Altersgenossen weitaus der wohlgestaltetste; er zeichnete sich aus durch eine wunderbare Schnelligkeit seiner° Füße, durch außerordentliche Kraft und durch eine unglaubliche Fähigkeit, Mühen zu ertragen. Zugleich besaß er (*derselbe besaß) höchsten Geist (Begabung), liebte überaus die Gefahren (*war sehr gefahrliebend), war äußerst begierig nach Ruhm und höchst erfahren im Kriegswesen. Seiner selbst aber war er so wenig mächtig (*so sehr nicht mächtig), daß er im Zorn (erzürnt) keine Rücksicht jemals nahm auf Menschliches, keine Rücksicht° auf Heiliges. Während er zugleich (*derselbe) die Vergehen anderer schnell vergaß (*der Vergehen ... uneingedenk war), war er selbst nicht frei von Fehlern. Dennoch bereute er oftmals Ungerechtigkeit oder Unbesonnenheit in kurzer Zeit. Dies ist sicherlich ein Zeichen außerordentlichen Geistes: die meisten Menschen nämlich verharren, auch wenn sie sich irgendeines Vergehens bewußt sind, in Unrecht oder Irrtum.

Alexander der Große (II)
Alexander wollte auch, daß er Sohn Jupiters genannt werde; dies freilich kann ihm kaum zum Vorwurf gemacht werden. Es besteht nämlich kein Zweifel, daß er durch das Zurschaustellen seines° göttlichen Ursprungs bei den unterworfenen Völkern größeres Ansehen sich zuzuteilen bestrebt war. Aus dem gleichen Grunde trat er prächtig wie ein Perser auf (*nahm er das Aussehen und die Pracht der Perser an); denn er hoffte, daß er durch die Nachahmung fremder Sitten und Einrichtungen leichter die Staaten in seine Gewalt bringen könne.
Wer könnte / wird wohl bestreiten (*leugnen), daß sich Alexander größten Ruhm erworben hat mit der Unterstützung des Glückes, das am meisten von allen Menschen ihn begünstigte!

90

1. Im Frühling erfreuen wir uns [Pass.] an den Blüten, an den Ernten im Sommer, im Herbst an den Früchten, am Schnee (Pl.) im Winter. 2. Die Olympischen Spiele wurden alle vier Jahre (*in jedem fünften Jahr) gefeiert. 3. In derselben Nacht, in der Alexander geboren wurde, ging der Tempel der Artemis von Ephesos in Flammen auf. 4. Bei der Ankunft der Perser waren die Athener in größten (höchsten) Gefahren. 5. Eine Herrschaft läßt sich leicht durch die(selben) Mittel festhalten (*wird ... zurückgehalten), mit denen sie anfangs gewonnen (erworben) wurde. 6. Bei Tagesanbruch / Bei Morgengrauen gingen wir aus der Stadt weg, um die neunte Tagesstunde (*zwischen 14 und 15 Uhr*) kehrten wir zurück. 7. Bei Sonnenaufgang treibt der Bauer die Ochsen aufs Feld (Pl.), spät am Tag nimmt er den Ochsen die Joche ab. 8. Zur Zeit des Augustus herrschte (*war) in der ganzen Welt (*auf dem ganzen Erdkreis) Frieden. 9. Binnen sieben Tagen / binnen einer Woche werden wir von Italien nach Germanien zurückkehren. 10. In zwei oder drei Jahren wird das zerstörte Haus wiederhergestellt werden. 11. Im Krieg liegen Künste und Wissenschaften danieder°, im Frieden blühen sie auf. 12. Wir kamen rechtzeitig zu unseren° Freunden. 13. Agamemnon eroberte zusammen mit ganz Griechenland innerhalb von zehn Jahren eine einzige Stadt. 14. Die meisten Menschen pflegen dreimal am Tag zu essen. 15. Ein für den Augenblick (*für jetzt) fröhliches Herz wird es hassen, sich um das Morgen (*sich um das°, was darüber hinaus ist) zu sorgen. 16. Wie alt bist du? Ich bin 13 Jahre alt; ich stehe also im 14. Lebensjahr. 17. Alexander d. Gr. starb im Alter von 30 Jahren und einem Monat. 18. Der Leichnam (*Körper) Alexanders wurde zwei Jahre nach seinem Tod von Babylon nach Ägypten übergeführt (*hinübergebracht).